부자의 기술

부자의 기술

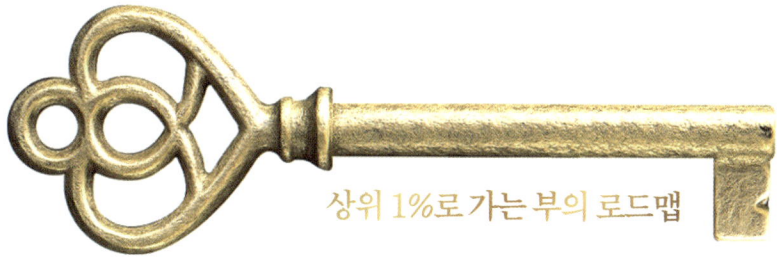

상위 1%로 가는 부의 로드맵

박승영 지음
김수연 함께 지음

티더블유아이지

투자와 관련해서 보통 우리가 금융 기관(펀드 매니저 또는 영업 직원)에게 원하는 것은 시장을 잘 예측해서 좋은 종목이나 투자 상품을 추천해주는 것입니다.

그런데 이러한 시장 전망에 의한 종목이나 투자 상품 추천이 도움이 될까요? 많은 연구 결과가 이를 부정하고 있습니다. 그럼 개인 투자자에게 가장 도움이 되는 전문가의 조언은 무엇일까요?

한 세계적인 자산 운용사는 직원들이 입사하면 어느 고객이 보내온 편지를 보여줍니다. 자신의 손주가 태어났을 때 대학 학비를 마련하기 위해 펀드에 투자했는데, 손주는 어느덧 스무 살이 됐고 투자금은 잘 불어나 대학을 충분히 보낼 수 있게 돼 회사에 감사한다는 내용입니다. 이 이야기를 들은 독자분들은 투자에 대해 어떤 생각이 드시나요.

목적에 기반한 장기 투자, 충분한 분산, 세금의 중요성을 숙지하면 투자에 성공할 수 있습니다. 개인 투자자들이 전문가로부터 받아야 하는 조언은 시장 예측에 의한 종목 추천이 아니라 바로 이런 내용이어야 합니다.

장기 투자와 분산 투자는 마켓 타이밍에 휘둘리지 않게 해줍니다. 시장을 맞히고 싶겠지만 시장의 흐름을 좇다 보면 불안한 심리에 고점에서 사고 저점에서 파는 바보 같은 선택을 하기 쉽습니다. 실제로 펀드 투자를 통해 고객이 가져가는 수익률(금액 가중 수익률)을 보면 해당 펀드의 기준가 수익률(시간 가중 수익률)에 현저히 못 미칩니다.

투자 목적에 맞는 솔루션 상품을 선택하는 것은 이러한 문제를 해결하는 좋은 방법입니다. 투자의 목적이 은퇴 대비라면 TDF(Target Dated Fund)*가, 이미 은퇴했다면 TIF(Target Income Fund)**가 적합할 것입니다.

---

* 은퇴 시점을 목표로 자산 배분을 자동으로 조정하는 펀드
** 은퇴 후 정기적인 소득 지급에 초점을 맞춘 펀드

세금에 신경 쓰면 수익률을 높일 수 있습니다. 누구나 IRP 계좌 하나 정도는 가지고 있는데, 대다수는 세금이 없는 국내 주식 ETF를 매매하는 용도로 사용합니다. IRP는 절세 계좌여서 목적에 맞게 활용하려면 세율이 높은 해외 주식에 투자해야 합니다. 미래를 대비해 저축을 할 때는 연금 저축 계좌를 최우선으로 고려해야 합니다.

투자는 이런 노하우들을 아는 것과 모르는 것의 차이가 큽니다. 무엇에 투자할지보다 어떻게 투자할지에 초점을 맞춰야 합니다. 그러면 핵심에서 벗어나 있는 불필요한 고민들은 줄고 투자는 쉽고 친근해집니다.

시중에 나와 있는 대부분의 투자 서적들이 무엇에 투자하라는 조언을 담고 있습니다. 서울의 아파트, 미국 배당주, 중국 테크주 등등은 그때 그때 관심을 끌기에 좋은 시의성을 강조한 책들입니다. 따라한다면 쏠림에 동참하게 될 가능성이 높습니다. 이 책은 어떻게 투자하라는 내용을 다룹니다. 그리고 그 과정이 쉽지 않을 것임을 인정합니다. 몸에 좋은 약이 입에 쓴 것처럼 저자들의 조언은 다른 책들처럼 달콤하지 않습니다.

우리는 살면서 특정 시기에 해야 하는 일들이 있습니다. 20대에 직업을 선택하는 것, 30대에 목돈을 모으는 것, 40대에 자산을 형성하는 것, 50대에 은퇴를 준비하는 것 등입니다. 저자들의 말을 그 과정의 소소한 조언으로 들어보는 건 좋을 것입니다. 흐트러진 책상을 정리하는 것처럼, 계획을 돌아보는 계기가 됐으면 합니다.

한화투자증권 대표이사
한두희

Life goes on

비밀을 하나 알려드리겠습니다. 사실 우리 주변엔 부자들이 많습니다. 소문나면 성가셔질까 부자라는 사실을 숨기고 있을 뿐입니다. 그래도 어렵지 않게 알아볼 수 있는데, 그들은 대체로 표정이 밝고, 성격이 쾌활하고, 매너가 좋습니다.

부자들에겐 비결이 있습니다. 성실하고, 약속을 지키고, 동료들에게 부끄러운 행동을 하지 않습니다. 그러다 보니 그들 주변엔 좋은 사람들이 모이고, 시너지가 생겨 더 부자가 된 것입니다.

그래서 부자는 특별한 노력을 기울인 결과라기보다 일정하게 유지되는 상태라고 할 수 있습니다. '규율이 있다(Disciplined)'라는 말이 부자들의 상태를 잘 설명한다고 생각합니다.

이 책의 주제도 규율입니다. 집중적으로 사회생활을 하는 30대부터 50대까지 시기별로 놓쳐선 안될 것들을 다룹니다. 부자들은 그 상황에서 어떻게 생각하고 대처했는지를 전달합니다.

과정이 좋아도 결과가 안 좋을 수 있지만, 과정이 나쁘면 결과는 반드시 나쁩니다. 그래서 부자가 되기 위한 최선의 방도는 규율된 일상을 반복하는 것입니다.

이 책이 독자들에게 '인생 사용 설명서'가 되기를 희망합니다. 사용 설명서는 보통 처음에 한 번 읽어보고 서랍 한구석에 넣어뒀다가, 작동이 잘되지 않을 때 다시 꺼내 읽어봅니다. 문득 잘살고 있나 궁금해질 때, 나와 세상의 싱크(Sync)가 맞지 않는다고 느낄 때, 중요한 결정을 앞두고 있을 때에 한 번씩 꺼내서 되새겨보는 말들이기를 기대합니다.

이 책에 등장해 조언해주는 부자들은 지극히 평범한 사람들입니다. 원래 평범한 사람들의 특별한 이야기가 가장 재미있습니다. 여기서 한 장 더 넘기면 그들의 이야기가 시작됩니다.

박승영 드림

이 책이 나올 수 있게 도와주신 분들

한두희 님, 신동섭 님, 김미희 님, 한상희 님, 배현준 님, 임영희 님
이원선 님, 이현진 님, 최서우 님, 박택영 님, 서상균 님, 김재은 님

감사드립니다.

박현근의 행복한 인생을 위하여

목차

추천사 ·· 4
프롤로그 ··· 8
이 책이 나올 수 있게 도와주신 분들 ·· 10

🔑 Chapter 1 부자론(富者論)

누가 부자인가 ·· 21
- 부자의 기준
- 부자가 말하는 부자
- 유명해지기 싫은 사람들
- 한국의 부자들

어떻게 부자가 되는가 ··· 28
- 타고난 풍족함은 방해가 된다
- 부자 부모는 자녀에게 방해가 된다
- 인적 자본과 금융 자본
- 소득을 자산으로 바꿔라

부자로의 항해 ·· 37
- 나는 순항 중일까

부자의 방해물 ·· 47
- 인플레를 이겨라

부자의 나침반 ·· 50
- 자산 배분의 기술

눈덩이를 굴려라 ·· 56
- 워런 버핏이 부자가 된 비결
- 일반인도 굴릴 수 있다

지식은 실전적이어야 한다 ·· 61
- 실행하지 않으면 아무것도 아니다

🗝 Chapter 2 30대, 몸을 써라

상위 1%가 돼라 ·· 67
- 30대는 성장하는 시기다
- 적성에 맞는 일을 해라
- 돈보다 적성을 따라라
- 상위 1%가 돼라
- 전문가가 돼라
- 학력을 업무 능력으로 바꿔라
- 공부할 때와 일할 때

MZ, 이렇게 부자가 돼라 ··· 83
- 덕후도 창업으로 부자가 될 수 있다
- 창업이 보상받는 법 – ① IPO
- 창업이 보상받는 법 – ② M&A

30대, 장기 투자를 할 특권 ·· 93
- 보수적인 투자는 기회비용
- 30대, 기술에 투자하라
- 한국의 새로운 경제와 함께하라
- 이익은 첨단에 있다
- 기술 기업의 비즈니스 모델
- 기술을 기술로 이해할 필요는 없다
- 기술에 투자하는 4단계
- 기술을 발견하는 법

내 집 마련의 기술 ·· 116
- 특별한 이유가 있지 않으면 사라
- 내 집 마련의 타이밍
- 2,000만 원이 만드는 차이
- 어디에 살 것인가
- 비교하고 비교하고 비교해라
- 돈의 감각을 잃지 말아라
- 자존감을 지켜라

Chapter 3 40대, 머리를 써라

절제의 기술 ··· **131**
- 더 벌고 덜 써서 돈을 손에 쥐어라

소득을 자산으로 바꿔라 ······································ **137**
- 투자하기 좋은 나이 43세
- 첫째, 잉여 소득이 쌓이고 있어야 한다
- 둘째, 성공률을 높여야 한다
- 셋째, 운과 실력을 구분해야 한다
- 실력이 잘 발휘되는 조건을 만들어라
- 넷째, 확률적 사고를 해라
- 주주 가치, 주식 투자의 사전 확률
- 다섯째, 비싸고 나쁜 주식을 피해라
- 여섯째, 가치주에서 성장주로 바뀌는 주식을 사라
- 일곱째, 투자의 듀레이션을 인지해라

자녀 교육의 기술 ··· **165**
- 교육은 최고의 상속

조언 그룹을 둬라 ··· **168**
- 가장 가까운 다섯 명이 나다
- 조언 그룹을 만들어라

Chapter 4 50대, 시간을 써라

커리어의 기술 ··· **177**
- 작은 우위를 만들어라
- 소득을 지켜라
- 승진의 법칙
- 일하는 사람의 1년은 일하지 않는 사람의 2년이다
- 더 일하는 것의 부수입
- 전문성을 살려라
- 네트워크를 쌓아라

자산 관리의 기술 ··· **188**
- 분산으로 지켜라
- 부채를 줄여라
- B/S는 I/S의 미래다
- 부자에 다가가라
- 시간을 내 편으로 만들어라
- 현명한 부자가 돼라

Chapter 5 부자가 돼라

부자는 좋은 사람이다 …………………………………… 207
과정을 중요하게 생각해라 ……………………………… 209
투자로 순항해라 ………………………………………… 211
부자가 되는 법을 물려줘라 ……………………………… 213
직업 윤리를 가져라 ……………………………………… 215
건전한 생각을 가져라 …………………………………… 217
아티스트가 돼라 ………………………………………… 219

에필로그 …………………………………………………… 222

부자론(富者論)

부자의 기술

누가 부자인가

● **부자의 기준** ●

누구나 부자가 될 수 있다. 불가능하다고 느끼는 건 능력이 부족해서가 아니라 부자의 정의가 모호하기 때문에 기준과 목표를 세우기 어려워서다.

그래서 기준이 필요하다. 얼마가 있어야 부자인가. 새해가 되면 금융 회사 산하 연구소들이 부자의 기준을 발표한다. 그들은 집을 제외하고 금융 자산이 몇십억 원은 있어야 부자라고 주장한다.

백만장자(Millionaire)가 부자의 대명사이니 100만 달러를 원화로 환산한 14억 원을 부자의 기준으로 하자는 주장도 있다. 실제 부자들이 100억 원은 있어야 부자라고 느끼니까 100억 원이 부자의 기준이라고 하기도 한다. 그러면 애초에 부자의 기준은 어떻게 정한 것인가.

부자가 되기 위한 목표를 세우고 실행하기 전에 부자에 대한 기준을 정리할 필요가 있다. 어디로 가야 할지 명확하지 않은데, 무작정 시작할 수는 없다.

● 부자가 말하는 부자 ●

모두가 인정하는 부자들은 비슷한 기준들을 제시했다. 유럽의 위대한 투자자인 앙드레 코스톨라니(André Kostolany)는 저서 『돈, 뜨겁게 사랑하고 차갑게 다루어라』에서 부자를 '자신의 돈을 가지고 원하는 바를 행하는 데 누구의 간섭도 받지 않는 사람'으로 정의했다. 그러면 하기 싫은 일을 억지로 하고 윗사람의 눈치를 보며 사는 불편함이 없다는 것이다. 버크셔 헤더웨이(Berkshire Hathaway Inc.)의 공동 경영자 찰리 멍거(Charles Munger)도 어떻게 부자가 됐냐는 질문에 "그저 독립을 원했을 뿐"이라고 답했다.

『돈의 속성』의 저자인 김승호 회장은 보다 구체적으로 부자의 기준을 제시했다. ① 본인 명의의 집 ② 한국 가구 월평균 소득을 넘는 불로 소득 ③ 절제 능력이다. 절제 능력은 돈이 아무리 많아도 더 가진 사람을 부러워하기 마련이니 어느 지점에선 욕심을 부리지 않아야 한다는 것이다. 부자의 마지막 퍼즐은 자존감이다.

그러면 **부자를 '경제적으로 자유를 얻고 남을 부러워하지 않는 사람'으로 정의**해도 될 것 같다.

● 유명해지기 싫은 사람들 ●

돈을 벌어서 가장 먼저 하고 싶은 일이 남들에게 자랑하는 것이라면 부자가 되긴 글렀으니 이 책을 그만 덮는 게 좋다. 연예인처럼 유명세가 성공의 척도인 일부 직업을 제외하고 대부분은 유명해지는 게 잘하는 데 방해만 되기 때문이다. 축구선수 박지성은 "축구는 잘하고 싶지만 유명해지긴 싫다"라고 했다.

그래서 부자들은 유명해지지 않기 위해 노력한다. 유명해지는 건 잘하는 것과 거리가 멀다. 세계에서 가장 돈을 잘 버는 헤지펀드 매니저 중 한 명인 스탠 드럭큰밀러(Stan Druckenmiller)는 조지 소로스(George Soros)가 운용하는 퀀텀 펀드(Quantum Fund)에서 일하던 1992년에 영국 파운드화를 공매도해 큰돈을 벌었다. 하지만 유명해지고 싶지 않았던 그는 자신의 상사인 소로스가 한 것이라고 했다.

독자들 중에 소로스는 들어봤어도 드럭큰밀러는 처음 듣는 사람이 있을 것이다. 매년 30%에 가까운 수익률을 올리면서 한 해도 손해를 보지 않은 투자 대가의 이름이 이렇게 알려지지 않은 건 그가 유명해지지 않기 위해 노력한 결과다.

반대로 유명해지고 싶어 하는 사람들은 튀는 행동을 하고, 일어날 확률이 아주 낮은 사건을 맞히려 한다. 영향력을 행사하고 싶어서다. 그들은 추종자를 만들기 위해 SNS에 열정적이고 자신의 포트폴리오를 과시하는데, 군중들은 이런 사람들을 쉽게 따른다. 하지만 그 끝은 항상 좋지 않았다. **부자가 되려면 이런 '척'하는 사람들을 멀리해야 한다. 스스로 결정하고 그 결정을 믿을 수 있어야 한다. 자존감이 높아야만 할 수 있는 일이다.**

● 한국의 부자들 ●

앞서 살펴본 정의에 따르면, 부자란 자제력을 가지고 지출을 억제하면서 자산 소득으로 지출을 감당할 수 있는 사람이라고 할 수 있다. 단, 자산 소득은 근로 소득처럼 일정치 않으므로 생활비보단 많아야 한다. 이 기준에 부합하는 사람은 몇 명이나 될까?

통계청은 해마다 가계금융복지조사를 실시한다. 성별과 나이, 학력과 직업, 소득과 부채 규모, 향후 자산 운용 계획 등을 종합적으로 조사하는 것이다.

2024년 1만 8,000여 가구가 조사에 응했는데, 우리나라 가구 평균 소득은 6,607만 원으로 조사됐다. 자산 소득이 이보다 많은 부자 가구는 243가구가 있었다. 1%를 약간 넘는다. 2019년 이후 여섯 번 조사를 실시했는데, 부자 가구는 항상 1%보다 조금 많았다.

그러니 **부자가 된다는 건 대한민국 상위 1% 안에 드는 것이라고 할 수 있다.** 부자는 누가 되는 것일까, 어떻게 해야 부자가 될 수 있을까, 언제 부자가 되는 것이 적절할까?

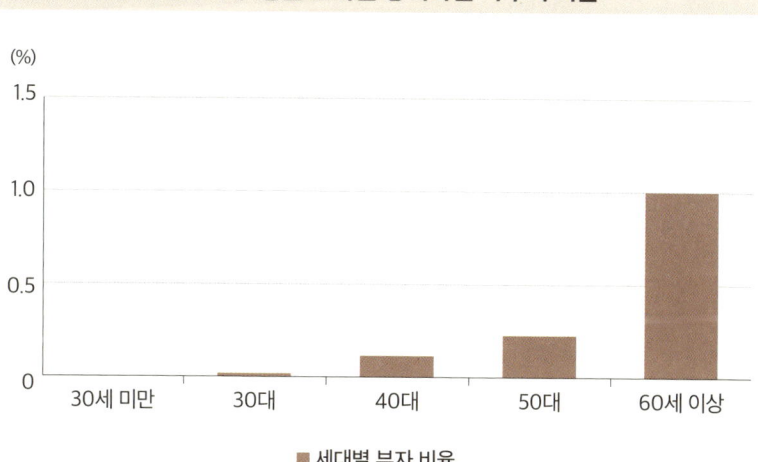

그림 1 • 자산 소득이 가구 평균 소득을 상회하는 가구의 비율

자료: 통계청

> **알아두기**   **소득의 종류**

소득에는 네 종류가 있다.

1. 근로 소득은 노동의 대가로 받는 돈이다. 직장을 다니면서 받는 월급이 근로 소득이다.
2. 사업 소득은 사업을 해서 벌어들이는 돈이다. 치킨집이나 카페를 해서 손님들로부터 올리는 매출이 사업 소득이다.
3. 자산 소득(재산 소득, 불로 소득 모두 같은 의미)은 소유한 자산에서 나오는 돈이다. 채권의 이자, 주식의 배당, 건물의 월세 등이 모두 자산 소득에 해당한다.
4. 이전 소득은 연금에서 나오는 돈이다. 국민연금 같은 공적 연금, 연금저축이나 개인형 퇴직 연금(IRP)에서 받는 사적 연금 등이 모두 이전 소득에 해당한다.

대한민국 가구의 평균 소득은 6,607만 원이고, 그중 근로 소득은 3,910만 원, 자산 소득은 640만 원이다.

연령대로 나눴을 때, 근로 소득의 비중은 30대 77%, 40대 72%, 50대 69%로 점차 줄어든다. 그러다 은퇴 시기인 60대가 되면 38%로 뚝 떨어진다. 자산 소득의 비중은 30대 4.5%, 40대 4.6%, 50대 6.7%에서 60대가 되면 16.6%로 상승한다.

그림 2 • 대한민국 가구 평균 소득 구성

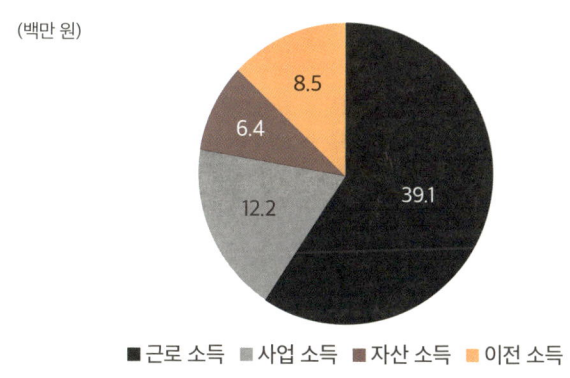

자료: 통계청

그림 3 • 연령별 평균 근로 소득, 사업 소득, 자산 소득, 이전 소득

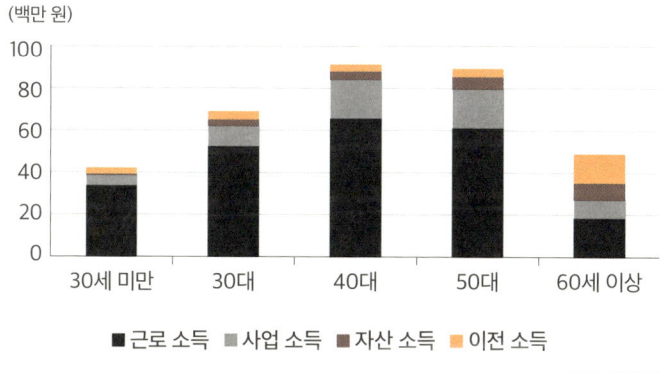

자료: 통계청

어떻게 부자가 되는가

● **타고난 풍족함은 방해가 된다** ●

부자가 되려는 건 사람의 본성이다. 하지만 타고난 풍족함은 부자가 되는 걸 방해할 수 있다.

　부자들에 대한 최초의 기록은 기원전 중국 한(漢)나라의 역사가 사마천(司馬遷)이 『사기(史記)』 「화식열전(貨殖列傳)」에 남겼다.

　"초(楚)나라와 월(越)나라는 토지가 넓은데 인구가 드물어 장사꾼을 기다리지 않아도 먹을 것들이 풍부해 굶주리는 근심이 없다. 그래서 게으르고 구차하게 살며 저축한 것들이 없어서 가난한 자들이 많다. 이런 까닭에 강수와 회수 남쪽엔 춥고 배고파하는 사람들이 없지만 천금을 가진 집도 없다. 기수(沂水)와 사수(泗水) 북쪽은 토지는 작고 인구는 많으며 자주 수해와 가뭄의 피해를 입어 백성이 저축하는 것을 좋아한다. 그러므로 농사 짓는 것을 즐겨하고 백성을 중요하게 여긴다."

초나라는 중국의 남쪽에 있던 나라이고 월나라는 월남(越南), 지금의 베트남이다. 양쯔강 유역은 이모작, 베트남 남부는 삼모작을 한다. 산물이 풍부하면 부자가 많을 것 같지만 그렇지 않다. 오히려 반대다. 환경이 주는 풍요로움이 사람을 게으르게 만들기 때문이다.

인류가 농경에서 벗어났어도 달라지지 않았다. 한국, 중국, 일본 등 동북아시아 국가들의 총저축률은 2024년 41%, 아세안(ASEAN) 5개국의 총저축률은 28%였다. 환경이 척박한 나라 국민들의 유전자엔 지금까지도 근면함이 새겨져 있다.

저축을 많이 하면 투자도 많이 한다. 2024년 동북아시아 3국의 투자율은 39%, 아세안 5개국의 총투자율은 26%였다. 동북아시아 3개국의 경제 규모가 아세안 5개국보다 7배나 더 크지만 지금도 더 저축하고 더 투자한다.

유럽에서도 같은 현상이 나타난다. 자연 환경이 척박한 노르웨이, 스웨덴, 덴마크의 2024년 총저축률은 각각 39%, 30%, 32%였다. 반면, 기후가 온화한 스페인, 포르투갈, 이탈리아의 총저축률은 각각 24%, 27%, 25%로 더 낮았다.

기원후 2000년이 아니라 기원전 2000년을 비교했어도 비슷했을 것이다. **타고난 풍요로움은 저축과 투자의 필요성을 덜 느끼게 한다. 하지만 더 저축하면 더 투자할 수 있고, 더 성장해서 더 잘살 수 있다.**

● 부자 부모는 자녀에게 방해가 된다 ●

꼭 나라에만 적용되는 이야기는 아니다. 부모는 자녀에게 환경이다. 아무 부족함 없이 키우는 건 자녀에게 좋은 일만은 아니다. 좋은 부모는 자녀가 문제에 맞닥뜨렸을 때 해결해주는 대신 해결하는 능력을 키워준다.

자녀를 금수저로 키우고 싶다면 다시 생각해보라. 금수저는 20대까지만 금수저다. 우리나라에서 재산을 물려주고, 물려받기는 점점 어려워지고 있다.

일화를 소개한다. 100억 원짜리 빌딩을 산 사람이 있었다. 그 빌딩이 여든을 넘겨서 1,000억 원이 됐다. 사겠다는 사람이 있을 때 팔아야겠다 싶어서 팔았는데, 세금 내고 각종 부대 비용을 쓰고 나니 손에 쥔

돈이 450억 원이었다. 세 명의 자식에게 150억 원씩 나눠주고, 각각 증여세를 50억 원씩 냈더니 결국 1,000억 원이 300억 원이 됐다.

부모가 자녀에게 물려줘야 하는 건 돈이 아니다. 잘살고자 하는 동기다. 아무런 부족함 없이 자란 필자의 지인은 부모로부터 번화가에 있는 건물을 물려받았다. 그의 아버지는 "아무것도 하지 말고 돈도 빌려주지 마라"라고 유언을 남겼다. 그는 유언대로 건물을 가지고만 있고 다른 일은 하지 않는다. 그의 부는 오직 건물값에 달려 있다. 상상이 안 가겠지만 30년 전 신촌 월세는 강남보다 비쌌다. 번화가가 계속 번화할지는 모를 일이다.

필자의 또 다른 친구는 어렸을 때부터 부모로부터 빡빡한 교육을 받고 자랐다. 부족함 없는 가정 형편이었지만 그의 부모는 자식들이 더 나은 삶을 살길 원했고 그 방법은 좋은 학력과 좋은 직업, 거기서 오는 명석함과 명민함이라고 믿었다. 친구는 지금도 모든 면에서 더 나아지기 위해 노력하고 있는데, 10년 전 부동산 투자 결정에서 그 노력이 빛을 발했다. 그는 부모에게 물려받은 재건축 아파트를 팔고 미분양이었던 성수동의 고급 아파트를 대출을 끼고 매수했다. 아파트 가격은 금세 올랐고, 성수동이 변화하고 있다는 걸 눈치챈 그는 가격이 오른 집을 레버리지 삼아 부근에 건물을 올렸다. 불과 10년 사이에 일어난 일이다. 현재 그의 자산은 10년 전보다 40배 이상 늘었다.

● 인적 자본과 금융 자본 ●

사람에겐 인적 자본과 금융 자본이 있다. 인적 자본은 태어나서 20대 초·중반까지 받은 교육으로 형성한다. 인적 자본은 근로 소득의 원천이고, 은퇴할 때까지 감가상각된다. 금융 자본은 근로 소득을 모아 형성한다. 금융 자본은 자산 소득의 원천이다.

총자본은 인적 자본과 금융 자본의 합인데, 총자본을 꾸준히 늘려 나가야 부자가 될 수 있다. 그러려면 좋은 교육을 받고, 경력을 관리해

그림 4 • 사람이 일생동안 활용하는 자본

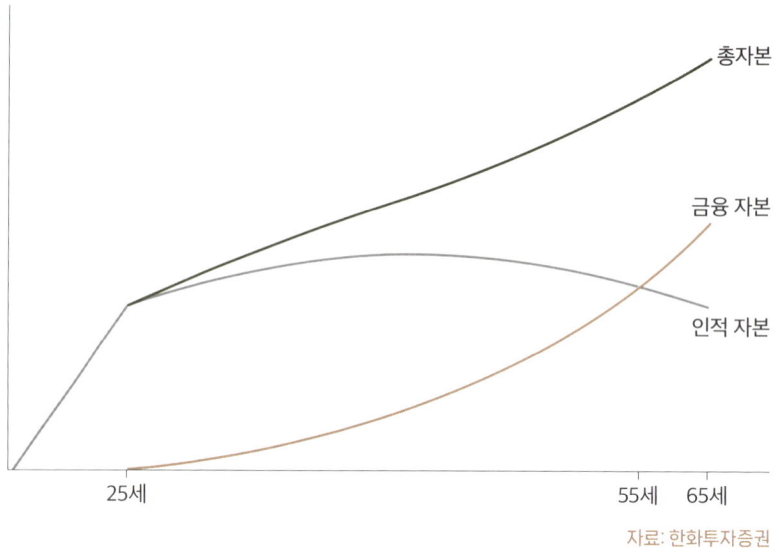

자료: 한화투자증권

인적 자본의 감가상각을 늦추고, 투자 수익률을 높여 금융 자본의 증가를 가속해야 한다.

직업에 따라 인적 자본과 금융 자본을 키워야 하는 시기가 각기 다르다. 인기를 누린 아이돌이 20대에 건물주가 되는 건 부러움을 사지만 20대에 성패가 갈리는 직업의 특성이 반영돼 있다. 아이돌처럼 일반 직장인보다 소득의 고점이 이른 직업은 소득을 자산으로 빨리 바꿔야 한다. 의사는 배우는 기간이 길어 소득이 늦게 발생하지만, 소득의 고점이 일반 직장인보다 높고 은퇴가 늦다. 공무원은 적은 소득으로 시작하지만 정년이 보장돼 직업의 안정성이 높고, 정년까지 소득도 증가하기 때문에 인적 자본의 감가상각이 다른 직업들에 비해 느리다.

인적 자본과 금융 자본을 운용할 때엔 이처럼 직업의 특성을 감안해야 한다. 그러면 소득의 증가가 끝나갈 무렵 자연스레 부자가 돼 있을 것이다. 보통 그 시기는 50대부터다. 실제로 부자 가구 안에서 연령대별 분포를 보면 30세 미만은 아예 없었고 30대는 2%, 40대는 8%, 50대는 16%, 60대는 74%를 차지했다.

그림 5 • **제조업의 연령별 소득, 55~60세 고점**

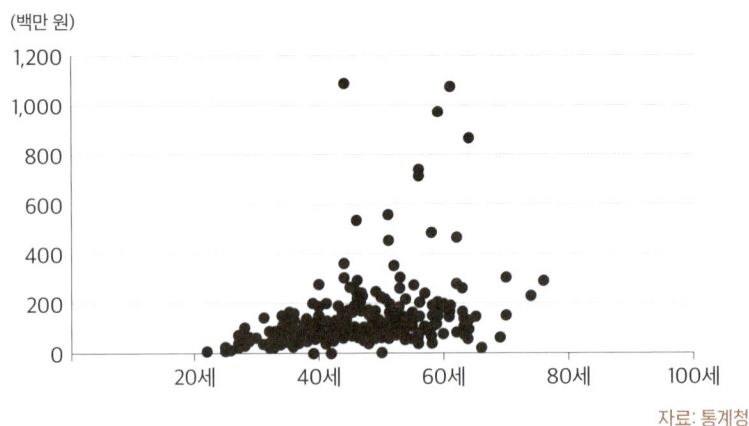

자료: 통계청

그림 6 • **의사의 연령별 소득, 고점이 높아**

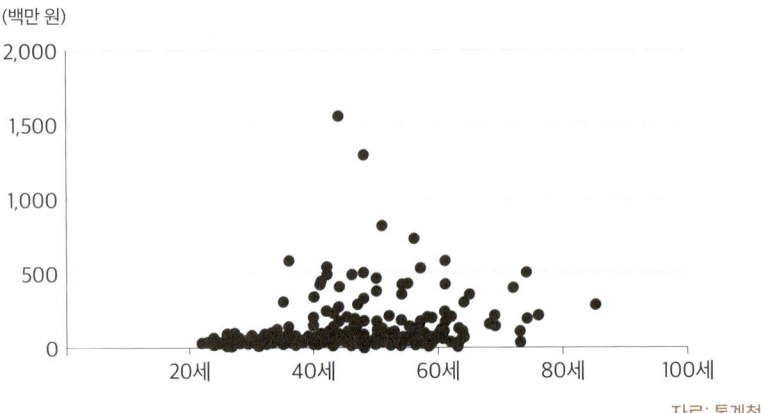

자료: 통계청

그림 7 • 공무원의 연령별 소득, 60세까지 증가

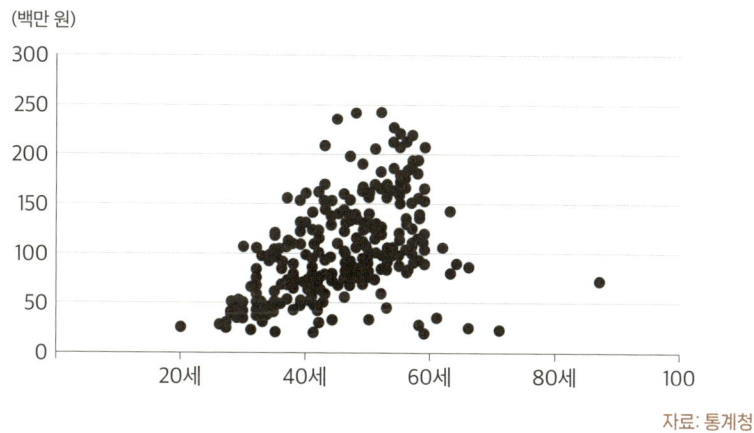

자료: 통계청

그림 8 • 부자 가구 연령대 분포

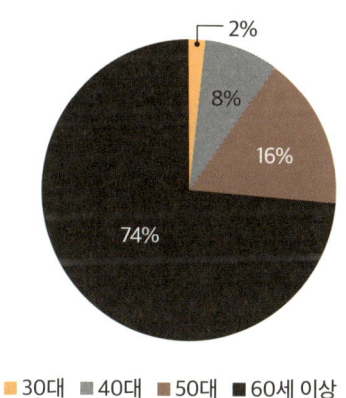

- 30세 미만 0%

자료: 통계청

● 소득을 자산으로 바꿔라 ●

소득은 계속 늘지도, 영원하지도 않다. 갑자기 부자가 될 수도 없다. **소득을 자산으로 잘 바꿔야 부자가 될 수 있다. 바꾸는 도구는 시기에 따라 달라진다.** 아무것도 없을 때엔 성실함, 자산이 쌓여가면 지식, 자산이 충분하면 시간이다. 젊을 때 돈을 빨리 벌고 싶다고 잔재주를 피우거나, 자산이 어느 정도 있는데도 일밖에 모르거나, 자산이 이미 충분한데도 무리한 투자를 계속하는 것은 부자가 되는 것과는 거리가 멀다.

찰리 멍거는 젊은이들에게 중·소형주 투자를 권하며 "할 수만 있다면 더 좋은 투자는 없다"라고 말했다. 중·소형주 투자는 작은 기업이 위대한 기업이 될 때까지 기다릴 시간이 충분한 사람에게 적합하다는 뜻이다. 멍거는 버크셔 해더웨이의 자산 규모가 너무 커져서, 위대한 기업가가 그들이 투자한 대기업을 더 위대하게 만들어주기를 기대하는 수밖에 없다고 털어놨다. 세계에서 가장 성공한 투자자조차 때에 맞는 투자를 해왔다.

소득의 증가 속도, 자산의 수준에 맞는 투자 방법을 선택해야 한다. 나이가 어릴 때엔 자산을 축적해야 하지만 나이가 들면 자산을 지키는 게 중요해진다.

부자로의 항해

● 나는 순항 중일까 ●

부자의 경계는 특정 금액으로 정할 수 없다. 25년 전 사람들은 1억 원만 있으면 평생 먹고살 수 있다고 생각했다. 당시 주택복권 1등 당첨금이 1억 5,000만 원이었고 20평대 강남 아파트 한 채가 2억 원, 강북 아파트 한 채가 1억 원이었으니까 1억 원은 분명 큰돈이었다. 하지만 2025년에 그 돈이 있다고 해서 부자라고 하긴 어렵다.

경제는 앞으로도 성장할 것이고 그에 맞춰 물가도 오를 것이기 때문에 '집 빼고 금융 자산 50억 원'처럼 **부자의 기준을 절대 금액으로 제시하는 건 적절하지 않다. 소득이 전체 가구 상위 1%에 들어가는지, 소득을 자산으로 잘 바꾸고 있는지, 투자를 잘해서 자산이 늘고 있는지를 종합적으로 봐야 한다.**

그러면 나이 서른에 모아둔 자산은 없지만 소득이 높은 전도유망한 청년도 부자의 범주에 들어간다. 달랑 집 한 채 있는 40대 후반의 중년이 20대 사회 초년생에게 으스대는 건 우스운 일이다.

[표 1]은 근로 소득 상위 1%가 평균 소비 성향을 유지하면서 저축한 돈을 연 6%의 수익률로 꾸준히 굴렸을 때 25년 후 축적 자산 규모를 가늠해본 것이다. 물가 상승률은 연 2%로, 30세, 40세, 50세에도 근로 소득이 상위 1%를 유지한다고 가정했다. 55세가 되면 축적 자산은 33억 원 가까이 된다. 33억 원의 6%면 자산 소득이 2억 원에 가까워, 연 물가 상승률 2%를 감안한 25년 뒤 추정 가구 평균 소득인 1억 800만 원보다 약 두 배 많다.

[그림 9]는 가계금융복지조사에 응답한 18,094가구 중 30세 미만에 해당하는 528가구를 소득순으로 가로축에 나열하고, 각 가구의 순자산을 세로축에 표시해놓은 것이다. 예를 들어, 가로축에 있는 300은 528가구 중에서 소득이 300번째인 가구이며, 해당 가구의 소득이 항목별로 그 위에 표시되어 있다.

[그림 10]은 같은 방식으로 소득이 아닌 순자산을 표시한 것이고,

표1 • 근로 소득 상위 1%의 나이별 소득과 자산

(백만 원)

나이	근로 소득	세후 소득	잉여 소득	축적 자산 (수익률 6%)	축적 자산 (수익률 3%)
30세	125.0	91.3	48.8	50.8	50.3
31세	130.1	95.0	50.9	105.7	102.2
32세	135.5	98.9	52.9	165.0	156.7
33세	141.0	103.0	55.1	228.9	213.0
34세	146.8	107.2	57.4	297.7	270.4
35세	152.8	111.6	59.7	371.7	327.7
36세	159.1	116.2	62.2	451.3	385.2
37세	165.6	121.0	64.7	536.6	472.6
38세	172.4	125.9	67.4	628.2	545.3
39세	179.5	131.1	70.1	726.2	621.6
40세	186.8	136.5	73.0	831.2	701.6
41세	191.7	140.0	68.0	935.2	777.3
42세	196.6	143.6	69.8	1,045.2	855.6
43세	201.7	147.3	71.6	1,161.5	936.5
44세	206.9	144.9	70.4	1,281.2	1,017.0
45세	212.3	148.7	72.3	1,407.6	1,100.1
46세	217.8	152.6	74.1	1,541.0	1,186.0
47세	223.4	156.5	76.1	1,681.8	1,274.7
48세	229.2	160.6	78.0	1,830.2	1,363.6
49세	235.2	164.7	80.1	1,986.7	1,460.4
50세	241.3	169.0	82.1	2,151.5	1,558.3
51세	241.3	169.0	89.2	2,330.4	1,690.4
52세	241.3	169.0	127.4	2,556.1	1,809.3
53세	241.3	169.0	127.4	2,790.8	1,956.1
54세	241.3	169.0	127.4	3,034.9	2,104.3
55세	241.3	169.0	127.4	3,288.8	2,254.0

자료: 한화투자증권

[그림 11~18]은 동일한 기준으로 30대부터 연령별대로 소득과 순자산을 각각 표시한 것이다. 하키스틱처럼 오른쪽 끝이 높게 분포하는데, 그곳이 상위 1% 부자들의 자리다. 30대보다 40대, 40대보다 50대의 오른쪽 끝이 높다. 나이가 들어갈수록 부자들 안에서도 격차가 벌어진다는 걸 보여준다.

부자들은 소득의 약 10배 정도 되는 순자산을 보유하고 있었다. 젊고 소득이 높을수록 자산은 언제든 취득할 수 있다는 생각에 자산이 적은 사람이 있는데, 소득의 10배 정도는 자산으로 보유하는 것이 좋다. 거꾸로 욕심만 많아서 소득이 적은데도 빚을 내서 자산을 끌어안고 끙끙대는 것도 바보 같은 짓이다.

부자는 30대에 잘 벌어서, 40대에 이를 자산으로 바꾸고, 50대에 자산을 충분히 쌓은 사람이 될 수 있다. 하지만 말처럼 부자로 가는 길이 순탄치만은 않다.

그림 9 • 30세 미만 가구 중 상위 1% 소득 1.93억 원

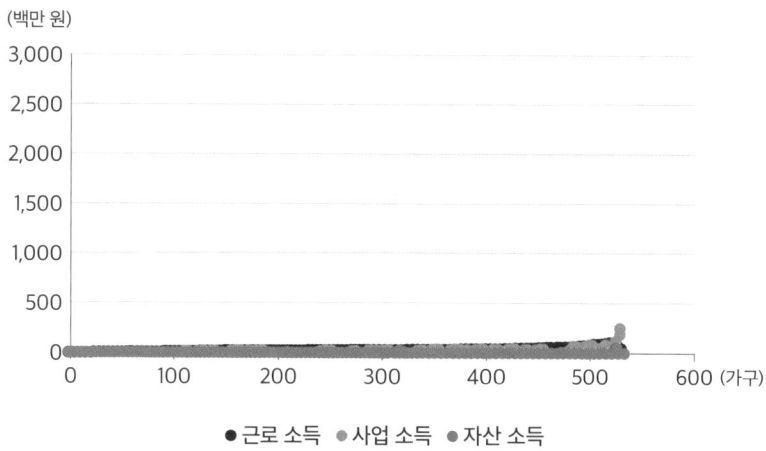

● 근로 소득　● 사업 소득　● 자산 소득

• 주: 가계금융복지조사 18,094가구 기준　　　자료: 통계청

그림 10 • 30세 미만 가구 중 상위 1% 순자산 17.3억 원

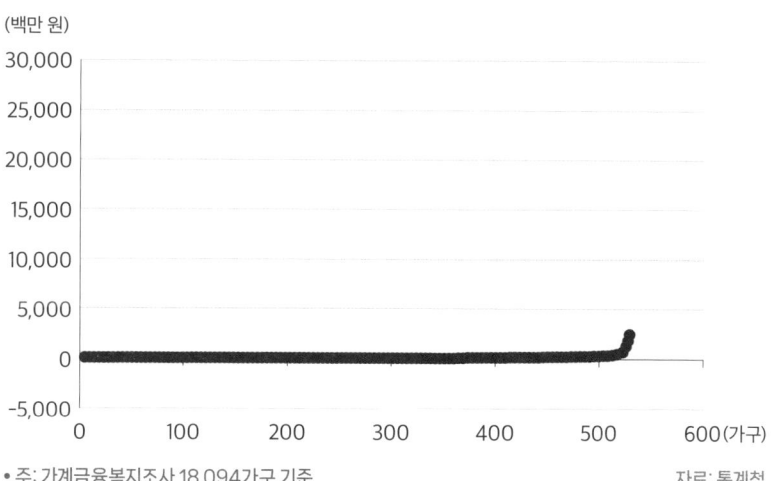

• 주: 가계금융복지조사 18,094가구 기준　　　자료: 통계청

그림 11 • 30대 가구 중 상위 1% 소득 3.56억 원

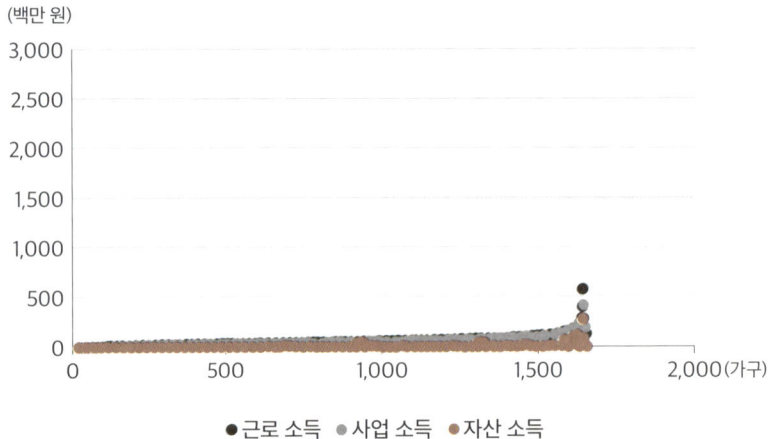

● 근로 소득 ● 사업 소득 ● 자산 소득

• 주: 가계금융복지조사 18,094가구 기준   자료: 통계청

그림 12 • 30대 가구 중 상위 1% 순자산 48.6억 원

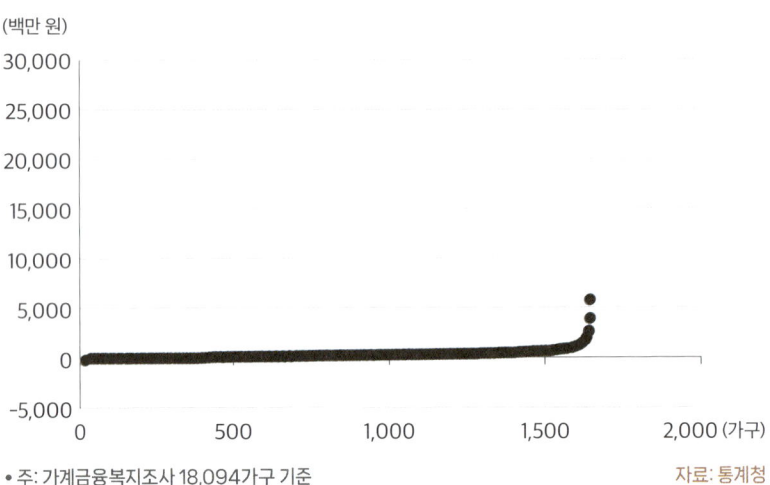

• 주: 가계금융복지조사 18,094가구 기준   자료: 통계청

그림 13 • 40대 가구 중 상위 1% 소득 5.32억 원

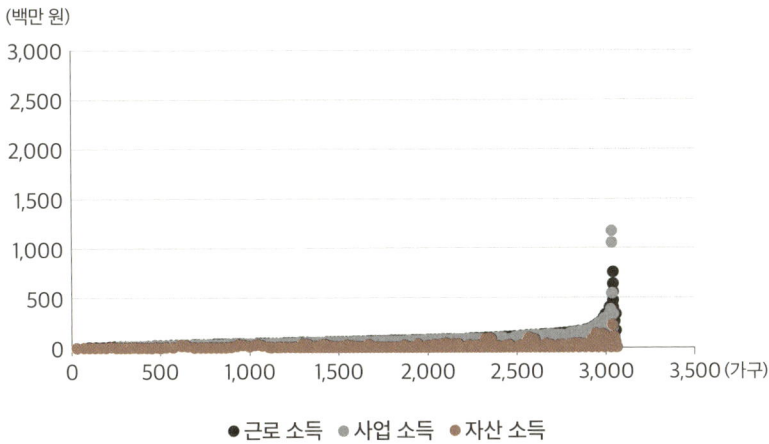

• 주: 가계금융복지조사 18,094가구 기준　　　　　자료: 통계청

그림 14 • 40대 가구 중 상위 1% 순자산 53.3억 원

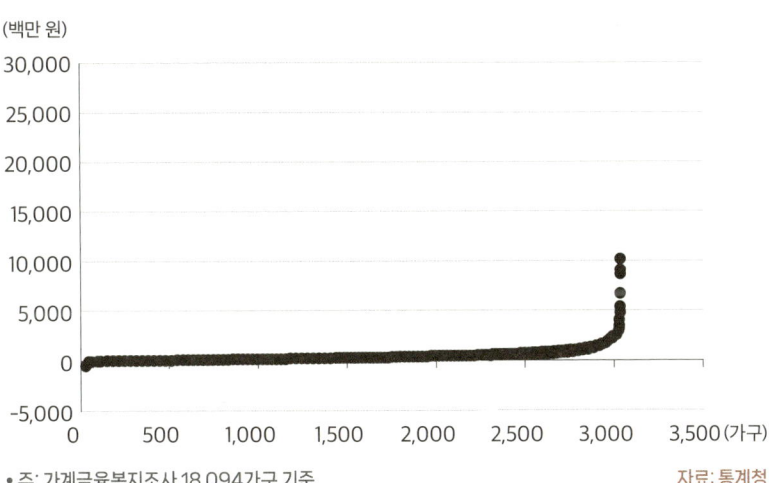

• 주: 가계금융복지조사 18,094가구 기준　　　　　자료: 통계청

그림 15 • **50대 가구 중 상위 1% 소득 4.76억원**

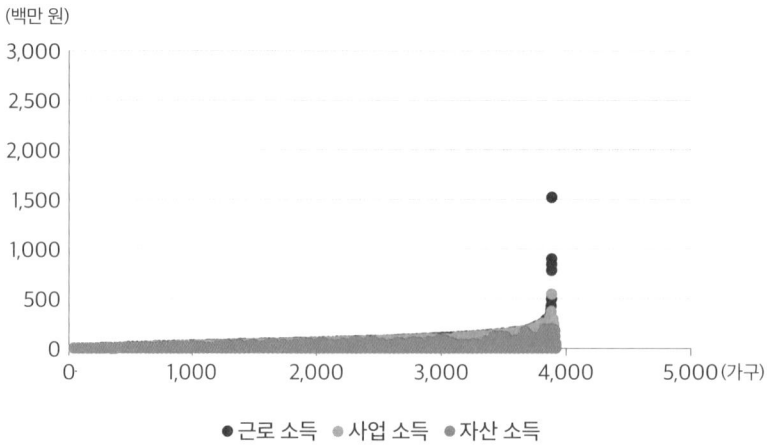

• 주: 가계금융복지조사 18,094가구 기준   자료: 통계청

그림 16 • **50대 가구 중 상위 1% 순자산 48.1억 원**

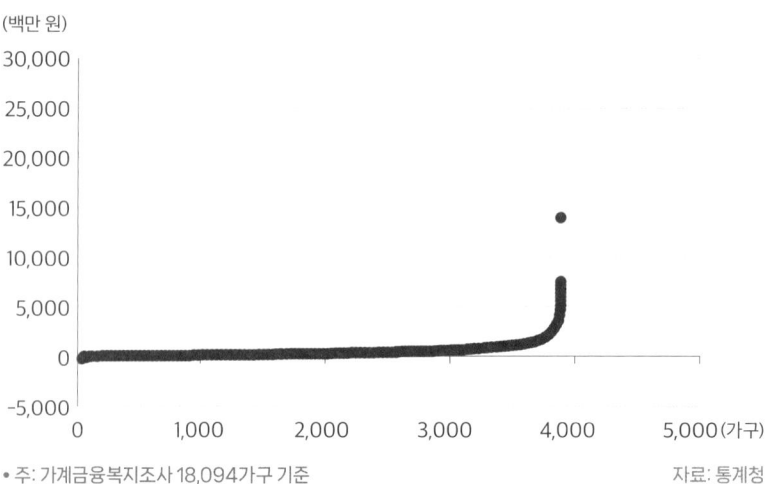

• 주: 가계금융복지조사 18,094가구 기준   자료: 통계청

그림 17 • **60대 가구 중 상위 1% 소득 4.34억 원**

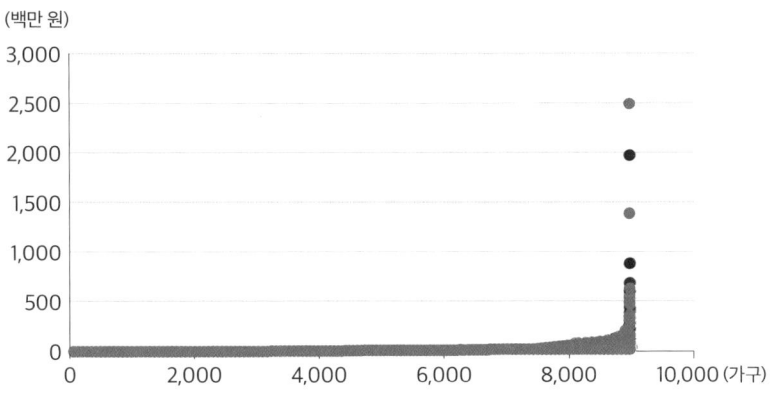

● 근로 소득　● 사업 소득　● 자산 소득

• 주: 가계금융복지조사 18,094가구 기준　　　　　　　　　　자료: 통계청

그림 18 • **60대 가구 중 상위 1% 순자산 60.6억 원**

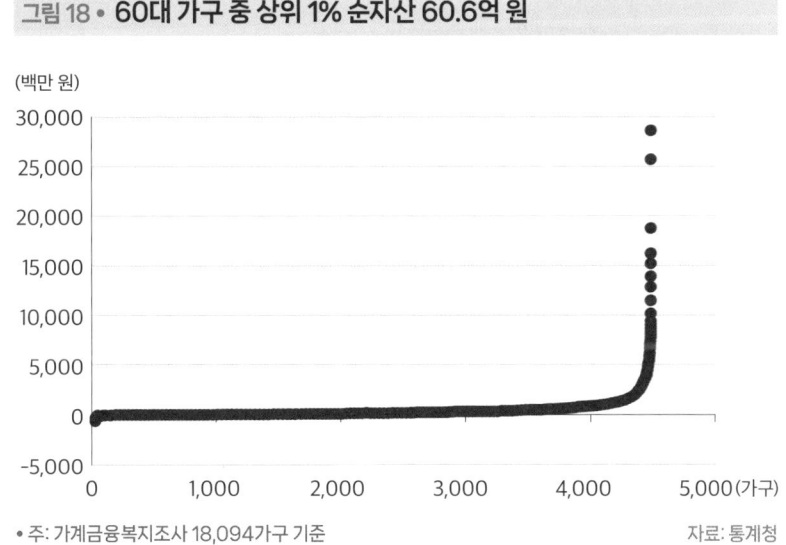

• 주: 가계금융복지조사 18,094가구 기준　　　　　　　　　　자료: 통계청

알아두기 내 소득은 상위 몇 %일까?

국세청 국세통계포털(tasis.nts.go.kr)의 '통계로 보는 소득' 탭에서 나의 소득이 상위 몇 퍼센트에 해당되는지를 확인할 수 있다. 예를 들어, 서울시 영등포구에 거주하는 30대 남성이면서 2023년에 1억 원을 번 사람은 전체에서 상위 8%, 서울시에서 12%, 30대 남성 중에 6%에 해당되고, 영등포구의 30대 남성 중에는 14% 안에 들어간다. 또 다른 예로 세종시에 거주하는 40대 여성이면서 2023년에 1억 원을 번 사람은 전체에서 상위 8%, 세종시에서 10%, 40대 여성 중에 6%에 해당되고 세종시 40대 여성 중엔 4% 안에 들어간다.

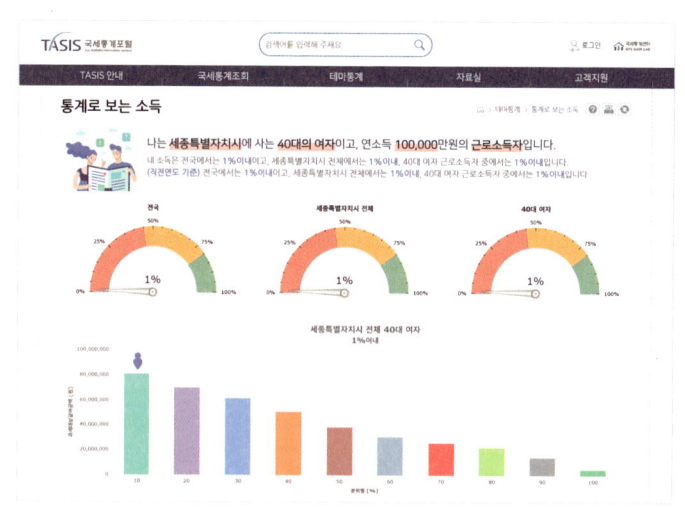

부자의 방해물

● 인플레를 이겨라 ●

부자가 되기까지 방해물들이 많다. 사람은 더 벌면 더 쓰고 싶어진다. 소득 상위 10% 가구는 평균 가구보다 3.2배 더 벌고 2.1배 더 쓴다. 이 중에 평균 이하로 지출하는 가구는 1,800여 가구 중 104가구밖에 없었다. 40대 소득 상위 10%인 509가구 중엔 13가구에 불과했다.

통제할 수 없는 세금, 연금, 건강 보험 등 사회 보험료율이 인상돼 비용이 갑자기 늘어날 수도 있다. 양극화와 고령화는 한국 사회가 앞으로 수십 년 동안 겪어야 할 일이어서 사회적 비용은 줄어들기 보단 늘어날 가능성이 높다.

뭐니 뭐니 해도 인플레이션만 한 문제는 없다. 생활 물가가 오르면 구매력이 훼손돼 지출이 많은 40대 장년층에게 부담이 된다. 물가를 잡기 위해 금리를 올리면 투자 수익률이 떨어져서 자산 소득으로 생활하는 은퇴자들에게 피해를 준다. 가장 큰 문제는 자산 가격이 올라 젊은 사람들이 자산을 축적하기 어려워진다는 사실이다.

2020년~2022년 전과 후를 비교하는 건 좋은 참고가 된다. 이 3년 동안 전 세계 정부와 중앙은행이 코로나19에 대응하기 위해 재정 정책과 통화 정책을 쏟아부어 인플레이션이 높아졌다.

2019년과 2023년 가구 소득과 순자산을 비교해보면 2019년 40대 소득 상위 1% 가구의 순자산은 17억 5,000만 원, 순자산 상위 1% 가구의 순자산은 18억 5,000만 원이었는데, 2023년 각각 23억 2,000만 원과 53억 3,000만 원으로 크게 증가했다.

표 2 • 2019년 vs 2023년 연령대별 자산 비교

(백만 원)

		2019년					2023년				
		소득			순자산		소득			순자산	
		상위 50%	상위 10%	상위 1%	상위 10%	상위 1%	상위 50%	상위 10%	상위 1%	상위 10%	상위 1%
30대	자산	433	734	1,058	355	1,063	512	891	1,270	1,778	5,470
	부채	114	205	217	90	206	139	210	190	277	607
	순자산	318	530	841	265	857	373	681	1,080	1,502	4,863
	소득	69	115	180	51	84	78	127	224	93	147
40대	자산	640	1,189	2,320	750	2,247	847	1,574	2,722	2,076	6,082
	부채	140	258	565	144	388	169	274	402	304	750
	순자산	500	931	1,756	606	1,858	678	1,301	2,320	1,773	5,332
	소득	73	124	151	89	95	95	170	367	130	151
50대	자산	736	1,457	3,036	2,001	5,427	906	1,590	3,298	2,052	5,501
	부채	129	232	629	299	961	153	246	418	269	683
	순자산	607	1,225	2,408	1,702	4,466	753	1,344	2,880	1,783	4,818
	소득	80	142	284	97	156	92	168	341	108	132
60대	자산	642	1,288	3,105	1,920	5,230	788	1,751	5,034	2,410	6,587
	부채	78	173	412	196	994	87	200	510	235	690
	순자산	563	1,115	2,692	1,724	4,237	701	1,551	4,518	2,175	6,063
	소득	26	61	125	29	42	33	78	189	41	65

자료 : 통계청

부자의 나침반

● **자산 배분의 기술** ●

이런 방해물들을 헤치고 **부자가 되는 길로 안내해주는 나침반이 자산 배분의 기술이다.** 자산 배분의 핵심은 세 가지다. 첫째, 장기 관점에서 주식을 중심으로 자산을 배분해야 한다. 둘째, 포트폴리오를 충분히 분산해야 한다. 셋째, 세금을 신경 써야 한다.

주식을 중심으로 포트폴리오를 구성해야 하는 이유는 주식이 리스크 프리미엄(Risk Premium)*을 돌려주기 때문이다. 투자의 궁극적인

---

* 안전 자산 대비 위험 자산의 초과 기대 수익률

목적은 구매력을 획득하는 것이다. 물가 상승률을 웃도는 만큼이 구매력인데, 채권 수익률은 물가 상승률보다 조금 높을 뿐이어서 충분치 않다. 채권이나 예금에 자산의 20% 이상을 배분하는 건 권하지 않는다. 한국 주식 시장은 길게 보면 항상 그 이상을 돌려줬다. 2015년 이후 10년 동안 한국 주식 시장의 총수익률은 연 5.8%로 같은 기간 채권의 총수익률 1.8%보다 4.0%p 높았다.

우리와 다른 경제적 요인들이 수익률을 결정하는 해외 주식에 투자하면 국내 주식에 부족한 특징들을 포트폴리오에 추가할 수 있다. 그러면 기대 수익률은 유지되면서 포트폴리오의 위험은 낮아진다.

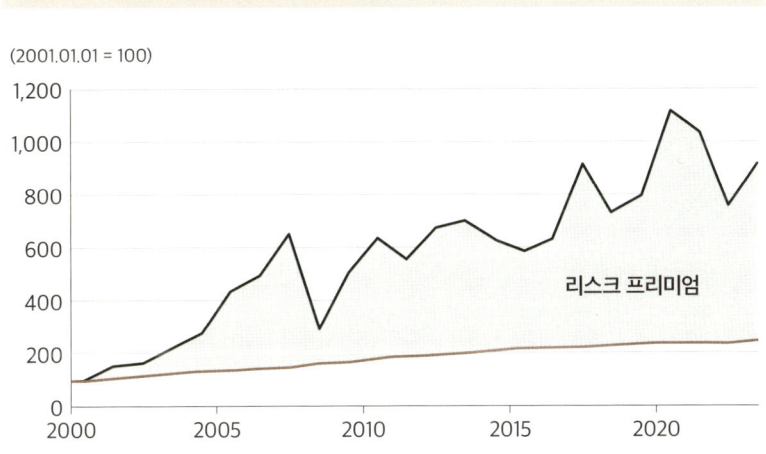

그림 19 • **한국 주식의 리스크 프리미엄**

자료: 한화투자증권

그림 20 • 안전 자산의 실질 수익률은 충분치 않다

물가 상승률 — 실질 예금 금리

자료: 한화투자증권

한국 주식의 좋은 짝은 미국 주식이다. 한국 주식 시장은 제조업, 수출 기업, 반도체 등 중간재 비중이 높은데, 미국 주식에 투자하면 원료와 완제품을 만드는 기업, 주주 환원, 달러 등의 특징이 포트폴리오에 더해진다. 중국 주식은 상관 계수가 0.9에 가까울 정도로 매우 비슷하게 움직여서 좋은 짝이 아니다.

세금에 대해선 투자 금액이 커질수록 민감해야 하지만 워낙 복잡해서 놓치기 쉽다. 예를 들어, 국내 주식은 양도 소득에 대해 세금을 내지 않는다. 배당에 대해선 15.4% 세금을 낸다. 반면, 해외 주식은 양도 소득에 대해 22%, 배당에 대해서도 15.4% 세금을 낸다. 또한, 해외 주식 ETF는 15.4% 세금을 낸다. 그러니 해외 주식에 투자할 때엔 IRP(개

그림 21 • 한국 주식 시장과 해외 주식 시장의 상관 계수

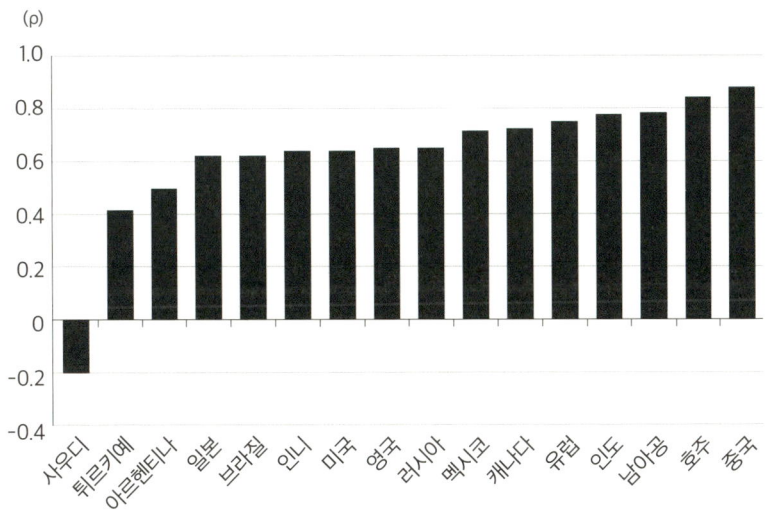

자료: 한화투자증권

인형 퇴직 연금)처럼 절세할 수 있는 상품을 이용하는 것이 좋다. 퇴직금을 받을 때에도 현금으로 받는 것보다 퇴직 연금으로 수령하면 세금을 아낄 수 있다.

주식에 투자할 돈을 벤처투자조합에 출자하면 주식 시황에 따른 기대 수익률과 리스크는 비슷해도 3,000만 원까지 100%, 5,000만 원까지 70% 낸 세금을 돌려받는다. 연소득 1억 원인 근로자가 5,000만 원을 출자하면 최대 1,690만 원을, 연소득 8,000만 원인 근로자가 3,000만 원을 출자하면 최대 790만 원을 공제받을 수 있다.

표 3 • **투자 자산별 세율**

자산	수익 형태	세금	조건	비고
예금	정기 예금	15.4%	원천 징수	2,000만 원 넘어가면 종합 과세
채권	가격 상승	0.0%		
	이자	15.4%		
보험	퇴직 연금	0.0%	세액 공제 안 받을 시	만 70세까지 5.5%, 70~80세 4.4%, 80세 이상 3.3% 연간 1,500만 원까지만, 넘을 시 종합 과세 또는 16.5%
		5.5%	세액 공제 받은 불입분	
		16.5%	일시금 또는 해지	
	퇴직금	7.0%	연금으로 수령 시	
		10.0%	일시금 또는 해지	
국내 주식	배당	15.4%		
	거래세	0.2%		
해외 주식	양도	22.0%		250만 원까지 공제
	배당	15.4%		
ETF	국내 주식형	0.0%		거래세 0% 매매 차익과 과표 상승분 (Nav증분) 중 작은 것
	국내 주식을 제외한 나머지	15.4%		

자료: 한화투자증권

> **알아두기** **투자 자산의 기능적 속성**

투자 자산의 기능적 속성을 이해하고 있어야 투자 목적에 맞게 포트폴리오를 구성할 수 있다. 국내 주식을 기준으로 대비해보면 이해하기 쉽다. 채권은 수익률이 낮지만 경제 위기로 불황이 오면 급등한다. 해외 주식은 국내 주식에 없는 특징들로 인해 다르게 움직인다. 부동산은 사고팔기 어려운 대신 인플레이션이 상승할 때 가격이 오른다. 벤처 투자는 창업자의 아이디어를 사는 것이다. 주로 거시 경제 상황에 좌우되는 상장 주식과는 수익의 원천이 다르다.

표 4 • 투자 자산의 기능적 속성

자산군	주식/채권	국내/해외	인플레이션/디플레이션	사모/공모	유동성/비유동성
저축성 예금	채권	국내	인플레이션	공모	유동성
한국 국채	채권	국내	디플레이션	공모	유동성
한국 주식	주식	국내	인플레이션	공모	유동성
미국 주식	주식	해외	인플레이션	공모	유동성
부동산, REITs	대체	국내	인플레이션	공모	비유동성
벤처투자조합	대체	국내	인플레이션	사모	비유동성

눈덩이를 굴려라

● **워런 버핏이 부자가 된 비결** ●

자산 배분의 방법과 자산의 속성을 이해했으면 **투자 자산을 눈덩이(Snowball) 굴리듯 굴려야 한다.** 『스노우볼(Snowball)』은 세계 최고 부자 워런 버핏(Warren Buffett)의 전기(傳記) 제목이기도 하다.

2025년 만 94세가 된 워런 버핏의 순자산은 1,496억 달러로 추산된다. [그림 22]는 버핏의 순자산을 그의 나이 14세 때부터 나타낸 것으로, 59세가 돼서야 막대 그래프가 눈에 띄기 시작한다. 당시 그

그림 22 • 워런 버핏 순자산

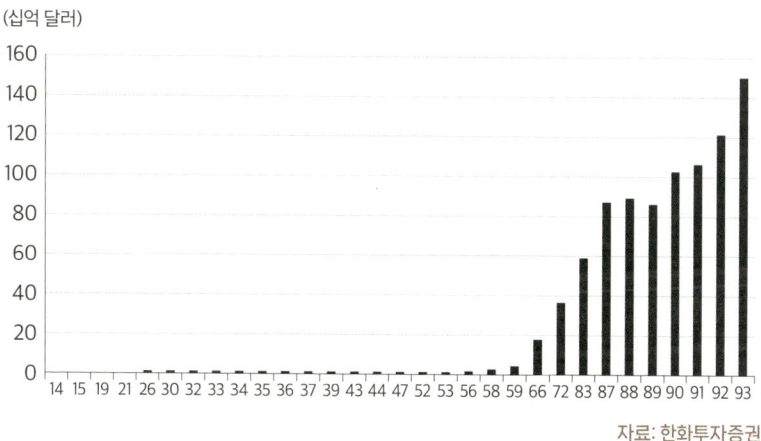

자료: 한화투자증권

의 순자산은 38억 달러였다. 버핏이 처음으로 경제 전문지 『포브스(Forbes)』 부자 리스트에 이름을 올린 것도 1982년, 52세 때였다.

부자가 되려면 오래 살아야 한다. 버핏은 14세부터 80년째 스노우볼을 굴려서 세계 최고의 부자가 됐다.

그는 투자의 1원칙으로 "잃지 말아라", 2원칙으로 "1원칙을 잊지 말아라"라고 했고, 실제로 싼 주식들을 집중적으로 사 모았다. 보수적인 투자자가 세계 최고의 부자가 됐다는 사실은 투자의 상식에 위배되는 것 같지만 그가 시간을 잘 다루는 사람이었기 때문에 가능했다. 버핏은 싼 주식이 제값을 받을 때까지 기다렸고 적극적으로 손실을 회피해 눈덩이가 녹게 두지 않았다.

Chapter 1 부자론(富者論) — 57

● 일반인도 굴릴 수 있다 ●

일반인도 복리의 법칙을 실천할 수 있다. 가장 쉬운 방법은 IRP에 돈을 넣어 절세한 만큼을 재투자하는 것이다.

ETF 투자로 번 배당과 이자 소득에 대해선 세금을 낸다. 하지만 IRP에서 투자하면 15.4%의 세금을 당장 내지 않고 퇴직 이후로 미룰 수 있다. 그만큼을 재투자하는 셈이다. 연금을 퇴직 이후에 받으면 5.5% 이하의 세금을 낸다. 10% 이상 세금을 아낄 수 있다.

예를 들어, 한 직장인이 30세부터 미국 주식 ETF에 600만 원씩 매년 투자했다고 가정하자. 매매 차익과 배당 소득을 합해 매년 7%의 수익이 발생했고 59세까지 30년 동안 투자했다.

결과가 [그림 23]이다. IRP 계좌에서 투자했으면 59세에 6억 600만 원이 있을 것이다. 일반 계좌에서 세금을 내면서 투자했으면 4억 9,000만 원이 있을 것이다. 차이가 1억 1,000만 원이나 된다.

그림 23 • **IRP의 복리 효과1**

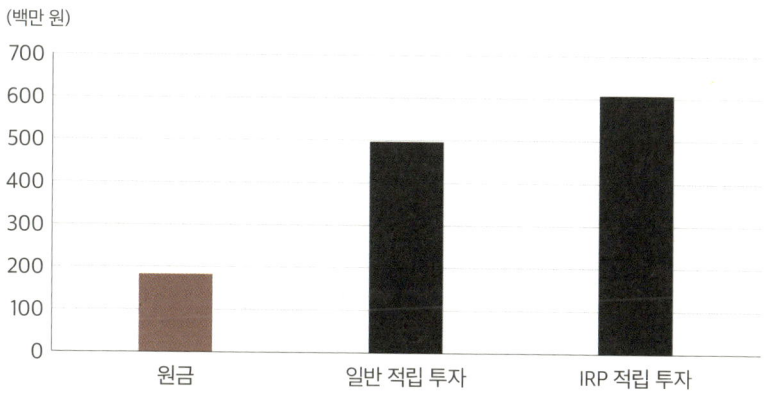

자료: 한화투자증권

그림 24 • **IRP의 복리 효과2**

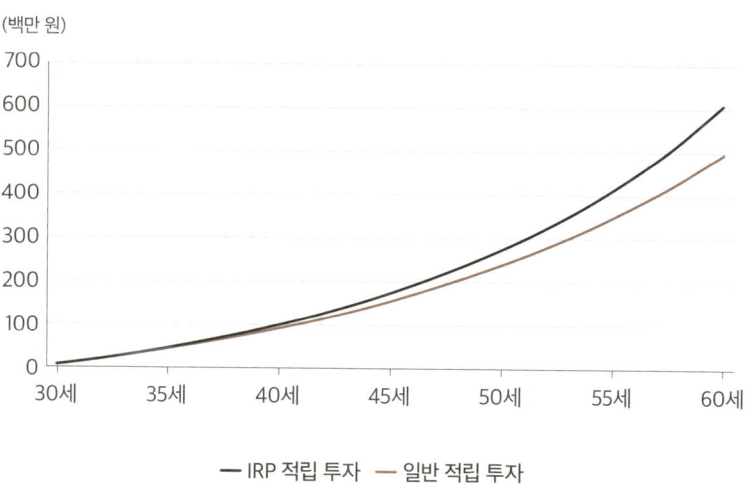

자료: 한화투자증권

그림 25 • **미국 주식을 IRP에서 투자할 경우 세율**

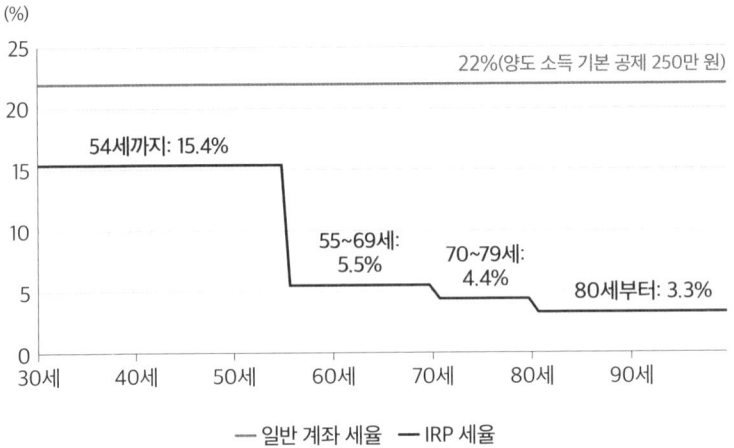

자료: 한화투자증권

지식은
실전적이어야 한다

● 실행하지 않으면 아무것도 아니다 ●

마지막으로 할 일은 실천이다. 아무리 공부를 많이 하고 좋은 아이디어가 있어도 실행하지 않으면 부자가 될 수 없다. 실행은 전혀 다른 노하우다.

전 세계에서 가장 유명한 퀀트 펀드(Quantitative Fund)로 첫 손에 꼽히는 AQR의 창업자 클리프 애스니스(Cliff Asness)는 훌륭한 가설과 검증을 거쳐 도출된 결론이라도 그걸 따르는 게 얼마나 어려운지 설명했다. 퀀트 펀드는 수학 모형에 변수들을 수치로 입력해서 도출된 결과에 따라 투자하기 때문에 투자 결정에 인간의 감정 개입을 배제한다. 하지만 애스니스는 투자 원칙을 지키겠다는 사람들의 결심이 채 한 시간도 가지 못한다고 지적했다. 그러면서 다들 실행을 어려워하기 때문에 원칙을 실행한 AQR이 돈을 벌 수 있었다고 설명했다.

사람은 기계가 아니기 때문에 실행 경험을 축적해야 한다. 아무리 작은 경험이어도 해본 사람만이 막연한 두려움을 떨치고 실행할 수 있다. 주가가 급락할 때 주식을 들고 있던 사람과 급락을 뉴스로 접한 사람은 다음 급락에서 다르게 행동할 수밖에 없다. 건물주가 되고 싶은데 아직 돈이 없으면 리츠 한 주라도 사봐야 한다. **실행하지 않는 지식의 가치는 0이다.**

부자는 '경제적으로 자유를 얻고
남을 부러워하지 않는 사람'으로 정의할 수 있다.

◆

30대에 잘 벌어서, 40대에 이를 자산으로 바꾸고,
50대에 자산을 충분히 쌓은 사람이 될 수 있다.

◆

부자가 되는 길로 안내해주는
나침반은 자산 배분의 기술이다.

30대, 몸을 써라

부자의 기술

상위 1%가 돼라

● **30대는 성장하는 시기다** ●

30대는 성장하는 시기여서 근로 소득을 높이는 데 중점을 둬야 한다. 자산을 축적하는 데는 시간이 필요하지만 근로 소득은 그렇지 않다.

근로 소득은 생산성이 높아지는 만큼 증가하므로 일을 많이 하거나 잘하면 더 많은 돈을 받는다. 30대에 가장 수익률이 높은 건 자기 자신에 대한 투자다. 더 정확히는 일을 더 잘하기 위한 능력을 계발하는 것이다. 30대는 업무 능력이 숙련되는 시기여서 근로 소득 증가율이 높다.

　자산은 다르다. 더 나은 자산을 선택할 순 있어도 나의 노력으로 자산 가격을 올릴 순 없다. 자산 가격은 평균적으로 경제 성장률에 물가 상승률을 더한 만큼 상승한다. 30대에 투자 수익률을 올리는 데만 골몰하는 건 부질없다는 얘기다.

　2억 원짜리 오피스텔에 살면서 연봉 6,000만 원 받던 사람이 일을 잘한다고 소문이 났다고 하자. 다른 회사에서 그를 연봉 1억 원에 스카우트했다. 때마침 부동산도 호황을 맞아 오피스텔 가격도 10% 올랐다. 연봉은 4,000만 원, 오피스텔의 가치는 2,000만 원 상승했다.

　보통 30대에는 연봉 상승분이 자산 증가분보다 크다. 2억 원짜리 오피스텔이 아니라 20억 원짜리 아파트였다면 자산 증가분이 더 컸겠지만, 30대에 그만한 자산을 보유한 경우는 잘 없다. 30대는 목돈을 만드는 시기다. 그러려면 뛰어난 업무 능력이 뒷받침돼야 한다.

● 적성에 맞는 일을 해라 ●

근로 소득을 높이려면 적성에 맞는 일을 해야 한다. 노력하는 사람은 똑똑한 사람을 못 이기고, 똑똑한 사람은 좋아서 하는 사람을 못 이긴다. 업무 성과와 스펙은 상관관계가 낮지만, 입사 초기 적응 정도와는 상관관계가 높다는 연구도 있다. 일을 시작한 지 한 달 됐는데 일 년 된 것 같은 사람이 있고, 사원인데 과장처럼 일하는 사람이 있다는 것이다.

좋아서 일을 하는 사람은 미쳐 있는 것 같다. 어떤 일에 관심을 가지다 빠져든 것이 아니라, 원래 미쳐 있었는데 그 일이 와서 붙은 것 같다. 지인 중에 벤처 캐피털에서 항암제 스타트업에 투자하는 심사역이 있다. 너무 일만 해서 그의 상사가 골프장에 데려갔는데, 골프 카트에 타서도 논문을 보고 있었다. 현재 그는 보통의 30대가 경험할 수 없는 경력을 쌓아가고 있다.

필자의 친구가 증권사 리서치센터에서 주니어로 일할 때였다. 그의 상사가 일 중독이 심해서 둘이 새벽까지 일하는 날이 일하지 않는 날보다 많았다. 어느 날 새벽 2시, 시니어가 기지개를 켜길래 이제 퇴근하나 싶었는데, "○○야, 너무 재미있지 않니?"라고 말하고는 2시간을 더 일한 뒤 새벽 4시에 집에 갔다. 그 상사는 나중에 금융 회사 대표를 지냈다.

● 돈보다 적성을 따라라 ●

신입 때 돈을 더 받는다고 적성에 맞지 않는 일을 하는 건 길게 봤을 때 손해다. 적성에 안 맞으면 업무 능력이 더디게 성장한다. 그리고 신입한

때까지 돈을 많이 줄 때엔 업황이 고점인 경우가 많았다.**

　20년 전 대학 졸업자들 사이에서 가장 인기 있는 직장은 공기업과 정유사였다. 대학 동기 중 한 명이 PC방에서 카트 모는 게임을 너무 좋아해서 결국 그 회사에 취업까지 했다. 주변에선 규모가 작은 회사라고 말렸지만 산업이 성장 단계에 있다 보니 경력 초기였음에도 주도적으로 일할 기회들이 주어졌다. 백지 상태에서 해답을 내야 하는 일들이 많았는데, 어린 나이여서 겁 없이 다양한 시도를 할 수 있었다. 조직이 작아서 위로 올라가는 데 경쟁이 치열하지도 않았다. 지금 그 회사는 세계적인 게임 회사로 성장했다.

　같은 시기에 정유사에 취업한 선배는 전공과 무관한 법무팀에서 일을 시작했다. 지원 업무를 맡았고 경력을 발전시키기 어려웠다. 그의 커리어는 대기업 직원에서 멈췄다.

　2005년 게임 개발자의 평균 연봉은 2,400만 원, 정유사 직원의 평균 연봉은 4,200만 원 정도였다. 20년이 지난 지금 대형 게임사 신입 개발자들은 최소 6,000만 원을 받는다. 정유사의 신입 사원 연봉은 5,000만 원을 살짝 웃도는 수준이다.

　지금은 개발자가 선망의 직업이지만 2024년에 AI에게 가장 많이 대체된 직업이 개발자라는 연구도 있다. 앞으로 어떤 직업이 유망해질 것인지를 예측하는 건 불가능하다. 확실한 사실은 어떤 직업이든 깊은 전문성을 갖춘 사람은 대체되지 않는다는 것이다. 그리고 전문성을 키우는 가장 쉬운 방법은 적성에 맞는 일을 하는 것이다.

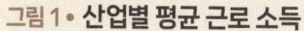 상위 1%가 돼라

예전 같으면 좋아서 하는 일로 먹고살 수 있을지 걱정해야 했지만 지금은 아니다. **무슨 일을 하느냐보다 그 일에서 상위 1%가 되는 게 중요하다.** 2024년 가구 평균 근로 소득이 가장 낮은 산업은 농업이다. 평균이 1,000만 원이다. 하지만 상위 1% 농업 가구의 소득은 2억

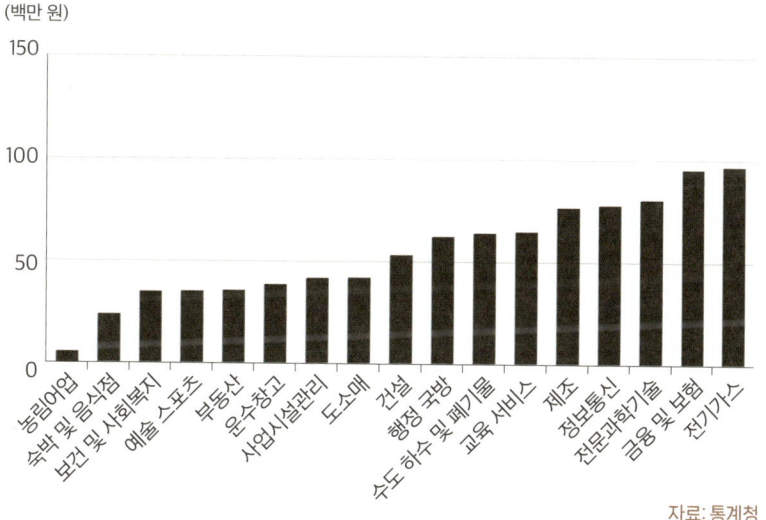

그림1 • 산업별 평균 근로 소득

자료: 통계청

그림 2 • 산업별 상위 1%의 평균 근로 소득

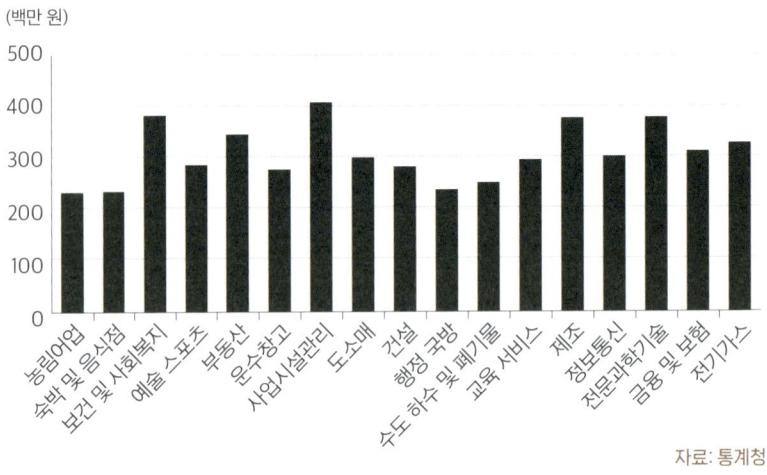

자료: 통계청

3,000만 원이었다. 평균보다 23배나 많은 소득을 올리고 있다. 스마트 팜(Smart Farm)으로 생산성을 높였거나 고부가가치 작목을 재배했기 때문이다. 어느 산업이라고 다르지 않다. 어디에서 일하느냐보다 어떻게 일하느냐가 중요하다.

하고 싶은 건 있는데, 일할 곳을 못 찾겠다는 말도 핑계다. 2019년, 『한국직업사전』에 등재된 직업의 수는 1만 7,000여 개다. 2012년엔 1만 2,000여 개였다. 7년 만에 직업이 5,000개나 늘었다. 새로 등재된 직업들로 자동화 로봇 개발자, 수소를 충전하는 사람, 바이오 의약품 후보 물질 발굴 연구원, 화학 물질을 조합하는 사람 등이 있었다. 직업이 전문화되는 경향은 뚜렷해서 앞으로 더 늘어날 게 확실하다.

그림 3 • 『한국직업사전』 초판~5판 직업 수

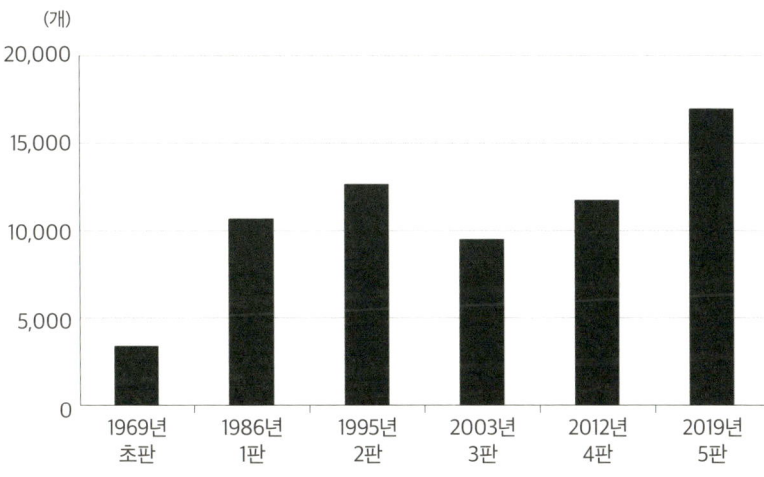

자료: 고용24

표 1 • 『한국직업사전』 3~5판 새로 추가된 직업

2003년 3판	2012년 4판	2019년 5판
채권 환수원	전기 자동차 설계 기술자	빅데이터 전문가
신용 조사 공문서 수집원	로봇 동작 생성 연구원	불록 체인 개발자
컴퓨터 중매원	발사체 기술 연구원	인공 지능 엔지니어
불법 무선 통신 관리원	엘이디 공정 기술 연구원	드론 조종사
치열 보존 치과 의사	탄소 나노 튜브 연구 개발자	디지털 문화재 복원 전문가

자료 : 고용노동부

● 전문가가 돼라 ●

직업의 바뀌지 않는 트렌드가 있다. 직업의 종류는 많아지고, 업무의 전문성은 깊어진다는 점이다. 예전 같으면 한 명이 보통 강도로 했을 일을 지금은 여러 명이 높은 강도로 한다.

2019년에 새로 추가된 직업 가운데 임상 데이터 매니저가 있다. 임상 데이터는 얼마 전까지만 해도 병원 차트에 그냥 기록돼 있었다. 최근 데이터가 디지털화되면서 임상 기록이 쌓였고 그 데이터를 기반으로 신약을 개발하고 환자에게 더 잘 맞는 약물을 찾을 수 있게 됐다. **업무를 전문화할 수 있는 환경이 마련되면서 새로운 부가가치가 생긴 것이다.**

그러다 보니 요즘은 근로 소득과 가장 상관 관계가 높은 변수가 '학력'이다. '학벌'이 아니다. 학력이다. 고졸 가구 평균 근로 소득은 3,000만 원, 전문대는 5,000만 원, 4년제 대학은 6,000만 원, 석사는 8,000만 원, 박사는 1억 300만 원이다.

이미 세상은 학벌 지상주의에서 벗어나 전문성 지상주의가 됐다. 박사를 영어로 Doctor of Philosophy(Ph.D.)로 번역하는데, Philosophy는 '지혜에 대한 사랑'을 의미한다. 박사는 자신의 영역에서 독보적인 전문성을 가진 사람이라 할 수 있다.

많이 배워야 한다. 지금 30대는 초등학교, 중학교 졸업 가구보다

그림 4 • 학력별 평균 소득

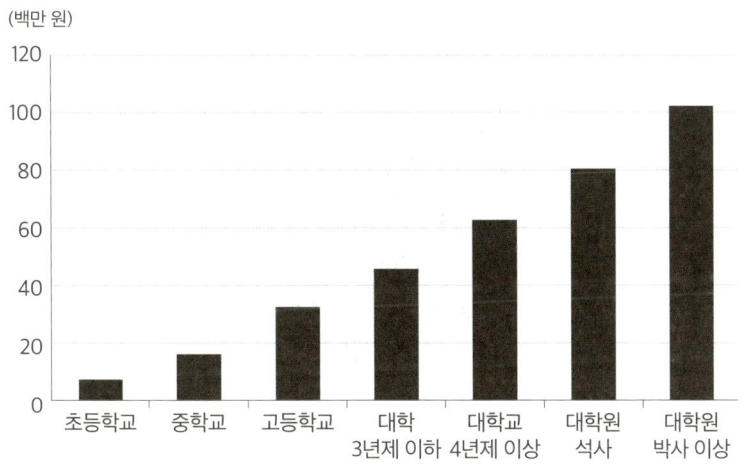

자료: 통계청

박사 이상 학력 가구가 더 많다. 꼭 가방끈이 길지 않아도 된다. 전문성을 인정받는 경로는 다양하다. 변호사, 변리사, 회계사는 박사급 전문성을 인정받는다. 최고의 기술로 산업 발전에 이바지하면 나라에서 '명장'이나 '기능장'을 수여하기도 한다. **박사가 되라는 게 아니라 박사급이 되라는 것이다.**

그림 5 • 30대 가구 학력 비율

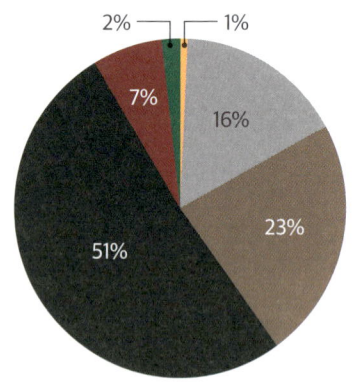

■ 초등학교 ■ 중학교 ■ 고등학교 ■ 대학 3년제 이하 ■ 대학교 4년제 이상
■ 대학원 석사 ■ 대학원 박사 이상

• 주: 가계금융복지조사 18,094가구 기준　　　　　　　　　　자료: 통계청

그림 6 • 40대 가구 학력 비율

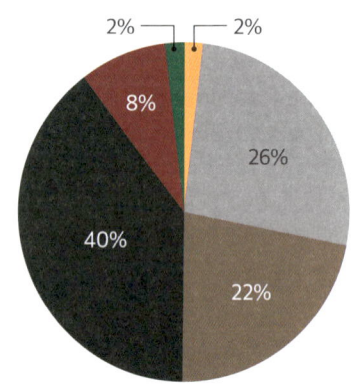

■ 초등학교 ■ 중학교 ■ 고등학교 ■ 대학 3년제 이하 ■ 대학교 4년제 이상
■ 대학원 석사 ■ 대학원 박사 이상

• 주: 가계금융복지조사 18,094가구 기준　　　　　　　　　　자료: 통계청

그림 7 • 50대 가구 학력 비율

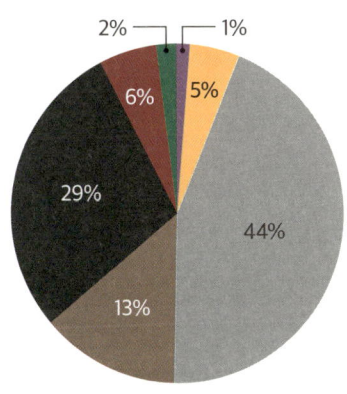

■ 초등학교 ■ 중학교 ■ 고등학교 ■ 대학 3년제 이하 ■ 대학교 4년제 이상
■ 대학원 석사 ■ 대학원 박사 이상

• 주: 가계금융복지조사 18,094가구 기준   자료: 통계청

그림 8 • 60대 가구 학력 비율

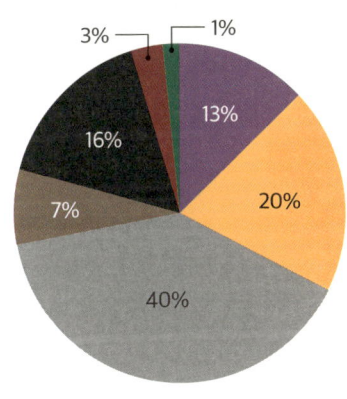

■ 초등학교 ■ 중학교 ■ 고등학교 ■ 대학 3년제 이하 ■ 대학교 4년제 이상
■ 대학원 석사 ■ 대학원 박사 이상

• 주: 가계금융복지조사 18,094가구 기준   자료: 통계청

● 학력을 업무 능력으로 바꿔라 ●

최고의 대학을 나와도 유효 기간은 길지 않다. 학력을 업무 능력으로 바꾸지 못하면 높은 스펙은 조롱으로 돌아오기도 한다.

서울대 법대를 나온 30대 변호사는 좋은 학교를 나오면 유리한 점이 분명 있다고 인정했다. 일단 다른 사람들이 똑똑하다고 생각해주고 취업할 때 유리한 스펙으로 작용한다. 하지만 연차가 쌓일수록 학벌보단 실력이 중요해진다. 실력엔 문제 해결 능력, 전문성, 고객을 대하는 태도, 소통 능력, 적극성, 성실성 등이 포함된다. 처음에 고객이 찾을 땐 학벌과 경력을 보겠지만 다시 찾을 땐 실력일 수밖에 없다.

업무 능력이 떨어지면 좋은 학벌은 부메랑이 돼 돌아오기도 한다. "너 ○○대 나왔어?"와 "너 ○○대 나왔었어?"는 글자 하나 차이지만 그 사람의 업무 능력과 태도를 보여준다. 전자는 말 뒤에 "그런데 이걸 못해?"가, 후자는 "그런데 이렇게 열심히 해?"가 숨어 있다.

학벌이 좋을수록 오만함을 버리고 겸허한 자세로 배워야 한다. 아무리 좋은 대학을 나왔어도 그 이름값에 의존하는 사람과 학벌과 관계없이 꾸준히 노력해온 사람의 실력 차이는 비교할 수 없다.

사람들을 만나다 보면 묻지도 않았는데 자신이 어느 학교 나왔다고 말하는 사람이 있다. 그 사람의 성장은 학교에서 멈춘 것이다. 반대로 자신이 지금 하고 있는 일을 상세히 설명하고 일의 비전과 계획에 대해 얘기하는 사람이 있다. 이 사람의 성장은 현재 진행형이다.

● 공부할 때와 일할 때 ●

공부를 깊고 길게 하는 게 돈이 된다. [그림 9]는 고졸 가구주와 박사 이상 가구주의 근로 소득을 나이별로 표시한 것이다. 고졸은 성인이 되자마자 일을 시작하지만 경력이 길어져도 근로 소득은 거의 증가하지 않는다. 연봉 고점은 5,000만 원 내외다. 업무의 전문성이 쌓이지 않아서다.

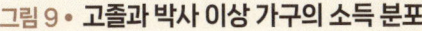

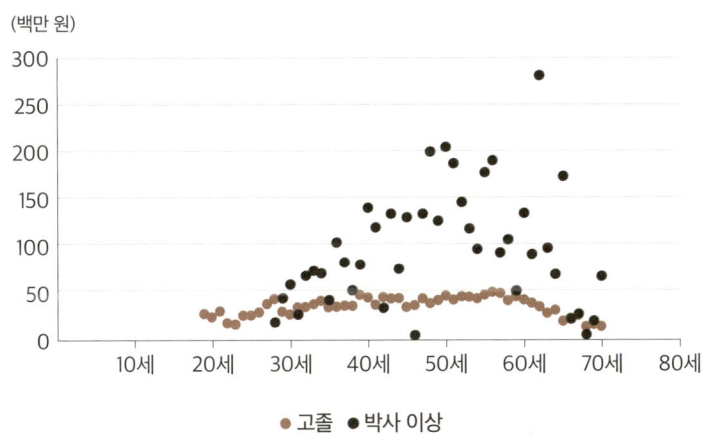

박사 이상은 20대 후반에 일을 시작하지만 근로 소득의 정점이 50대이고, 60대까지 일을 하는 경우도 있다. 소득이 가장 많을 때 2억 8,000만 원을 벌어 고졸보다 네다섯 배를 더 번다.

20세부터 70세까지 근로 소득을 합하면 박사 이상은 42억 원, 고졸은 18억 원으로 박사 이상이 2.2배 더 많다. 금액보다 중요한 건 지출이 많아지는 40대와 50대에 소득이 증가한다는 사실이다. 그러면 투자를 계획할 수 있다. 하루 벌어 하루 먹고살기 바쁘면 투자는 불가능하다.

고급 인력은 앞으로도 계속, 더 많이 필요하다. 산업이 고도화되기 때문이다. 2000년 우리나라의 R&D 투자는 GDP의 2%에 불과했지만 지금은 5%나 쓰고 있다. 100만 명당 연구 인력은 2,000명에서 8,000명으로 네 배나 늘었다. 100만 명당 기술 인력은 447명에서 1,300명이 됐다.

우리나라는 제조업을 중심으로 성장해왔고 앞으로도 제조업은 중요할 것이다. 다만, 원가가 중요한 제조업의 특성상 저부가가치 제조업은 다른 나라들에 내주고, R&D와 기술 기반의 고부가가치 제조업 중심으로 재편해 나가고 있다. 우리나라는 제조업의 R&D 센터가 돼가는 중이다.

그러다 보니 근로 소득 상위 1%의 직업 형태에서 전문직의 비중이 46%나 된다. 2012년엔 42%였다. 사무 종사자의 비율도 2012년

그림 10 • **지식 근로자 비중 상승**

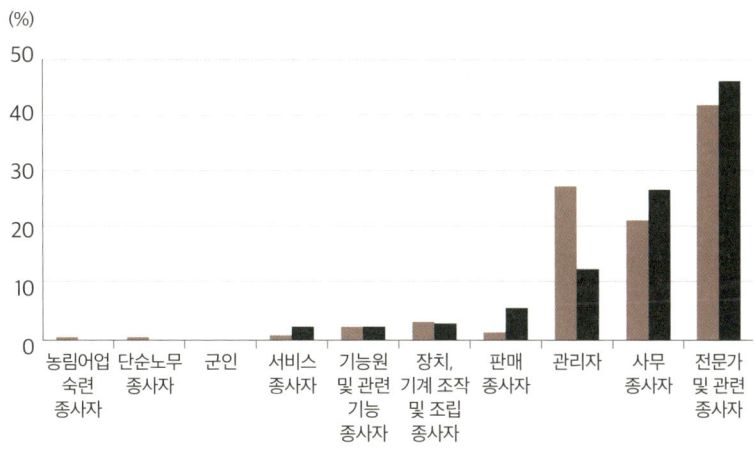

그림 11 • **산업별 고소득자 비율**

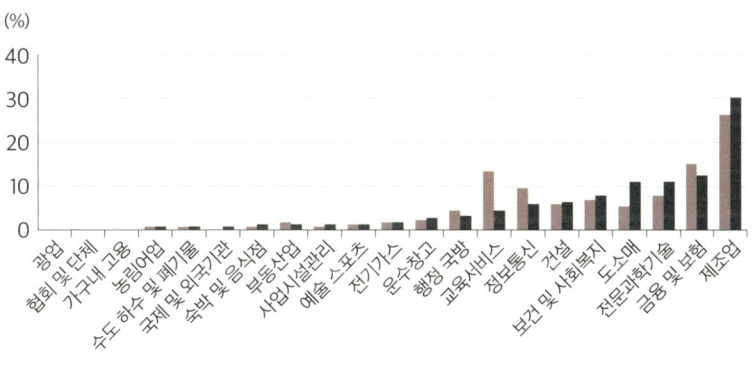

Chapter 2 30대, 몸을 써라 — 81

21%에서 27%로 높아졌다. 상위 1%에서 탈락한 건 중간 관리자들이었다. 비율이 28%에서 13%로 절반으로 떨어졌다. 서비스업 종사자, 판매업 종사자도 상위 1%에 포함되고 높은 비율을 차지한다. 남들에겐 없는 사람을 대하는 전문성이 있을 것이다.

뒤에서 더 논의하겠지만 전문성은 근로 소득을 높여줄 뿐 아니라 근로 기간도 늘려준다. 필자의 직장인 한화투자증권에는 직원들과 정년퇴직, 환갑 파티를 같은 날 하고 2주 뒤 전문 계약직으로 출근한 자산 관리 전문가가 있다. 금융 자산에 대한 지식이 깊고 고객을 대하는 태도가 좋아 관리하는 자산만 수백억 원이다. 은퇴하고 쉬겠다는 걸 회사에서 몇 번을 부탁해서 겨우 겨우 붙잡았다. 전문가는 은퇴하고 싶어도 못한다.

MZ, 이렇게 부자가 돼라

● 덕후도 창업으로 부자가 될 수 있다 ●

젊은층의 자아 실현 욕구가 증가하고 정책적 지원도 많아지면서 스타트업이 늘어나는 추세다. 한 해 약 20만 개의 스타트업이 생기고, 전체 창업에서 20%가량을 차지한다. 창업은 전문성을 직접 보상받는 방법이다. 좋아하는 일로 돈도 버는 '덕업일치'의 끝판이다.

20년 전 '딴따라'는 '아이돌'이 됐다. 부모를 걱정하게 하던 애들을 이젠 고액의 사교육을 동원해 키우는 세상이다. JYP엔터테인먼트의 수장 박진영은 1995년 정규 2집 『딴따라』를 발표했다. 이 앨범의 1번 트랙 「나는…」에서 "나는 딴따라다. 태어났을 때도, 지금도, 앞으로도, 그리고 그게 자랑스럽다"라고 읊조린다. 30년 전엔 K-POP 아티스트를 딴따라로 폄훼했다. 지금으로선 이해하기 힘든 시대 분위기다. 이 딴따라 회사의 시가 총액은 2.5조 원이 됐다. 전 세계 엔터테인먼트 회사들 중에서 12번째로 크다.

　박진영처럼 좋아하는 일이 있는데, 관련 산업이 걸음마 단계일 때엔 일할 회사를 스스로 만들어야 한다. 단, 너무 일찍 시작하면 고생하는 시간이 길어지므로 시장이 생기는지를 보고 창업을 하는 게 좋다. 어떤 유망한 산업도 홀로 등장하지 않는다. 조짐은 반드시 있다. 아이

그림 12 • **JYP 시가 총액**

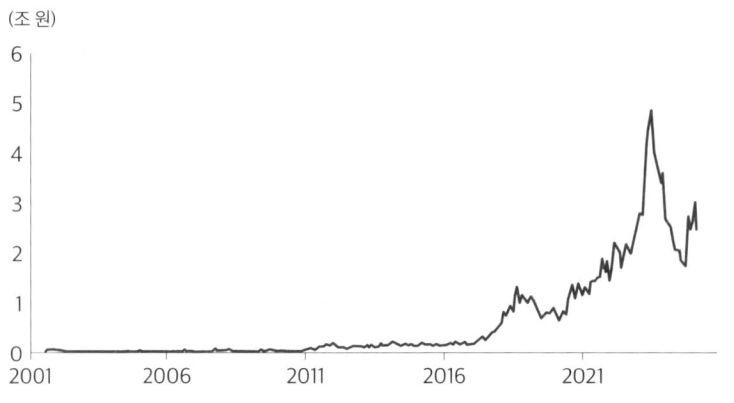

자료: 한화투자증권

돌 산업을 예시로 살펴보자.

1988년 서울 올림픽 이후 1990년대 들어서면서 우리나라에도 소비 시장이 열렸다. 가정에 가전 기기들이 본격 보급됐고 TV, 오디오 기기를 사용하기 시작했다.

1990년대 중반부터 음악 수요층이 청소년으로 확대됐다. 서태지와 아이들 같은 초기 형태의 아이돌이 등장했다.

2000년대에는 인터넷이 폭발적으로 보급됐고 음악은 카세트, CD 형태에서 파일 형태로 바뀌었다. 음원 복제가 쉬워지면서 음원을 만들어 파는 레코드 사업의 리스크가 커졌다. 이때부터 보는 음악 시장이 열렸다. 듣기 좋은 가수보다 보기 좋은 가수 시장이 빠르게 성장했고 매력적인 외모의 가수들이 멋진 춤을 추는 수요가 급증했다.

그러던 중 2005년 유튜브(YouTube)가 생겼고, 이듬해에 구글(Google)이 유튜브를 인수했다. 2007년엔 아이폰(iPhone)이 출시됐고 2011년 LTE가 서비스되면서 끊기지 않고 볼 수 있는 동영상의 시대가 열렸다. 2010년대 후반이 되자, 우리나라 아이돌을 해외에서도 소비하기 시작했다.

1980년 후반 오디오 기기가 도입됐을 땐 음반 회사를 창업했어야 한다. 청소년이 주 수요층으로 등장한 1990년대엔 『쎄시』 같은 청소년 잡지사를, 보는 음악 시대가 열린 2000년대엔 뮤직비디오 제작사를, 2010년대엔 유튜브 채널을 창업했어야 한다. 2020년대엔 아이돌

포토 카드를 해외에 팔아야 한다.

미국 역사학회장을 지낸 조이스 애플비(Joyce Appleby)는 저서 『가차 없는 자본주의』에서 "어떻게 해도 세상이 바뀌지 않을 것 같을 때 조용한 아웃사이더들은 누가 시키지도 않았는데 언제 올지 모르는 다음 세상을 준비하고 있었다"라고 썼다. 그래서 **사업의 형태를 상상하며 사회적, 기술적 조건들을 생각하고 있어야 한다. 그러다 조건이 맞아 떨어지면 가차 없이 뛰어들어라.**

창업에 유리한 공부도 인기가 높아질 것이다. 수요는 스스로 더 세련돼지고 정교해지는 경향이 있다. 창업은 이렇게 계속 변해가는 수요에 대응해 나가는 과정이다. 선진국엔 고도화된 수요에 대응하는 방법들을 가르치는 학과나 과정들이 있다.

국내 대학엔 없지만 외국 대학엔 있는 전공을 한 사람의 가치가 이미 올라가고 있다. 의사소통, 설득, 비판적 사고를 공부하는 수사학(Rhetoric), 게임, 영화 등에 사용되는 특수 효과, 생명 과학과 공학 기술을 결합한 의생명 공학(Biomedical Engineering) 등이 좋은 예이다.

● 창업이 보상받는 법 – ① IPO ●

창업가는 회사가 성장함에 따라 상장하겠다는 목표를 세운다. 기업을 공개하는 것(Initial Public Offering, IPO)인데, 말 그대로 처음으로 대중에게 회사의 주주로 참여할 길을 열어주는 것이다. 주식 시장에 참여한 사람들이 회사의 가치를 산정하면 창업가가 보유한 주식의 가치가 올라간다.

IPO 시장은 산업의 트렌드를 가장 빠르게 반영한다. 매년 70개 안팎의 기업들이 상장하는데 IT, 바이오가 많고 최근엔 게임, 화장품, 외식업을 하는 회사들도 상장했다.

2020년 이후 상장에 성공한 창업가들은 평균 만 39세에 회사를 차렸다. 회사를 상장시킨 나이는 평균 53세였다. 공동 창업도 많은데, 기술 기반 창업이거나 어릴 때 창업을 한 경우다.

유행이 빠른 시장일수록 젊은 창업자에게 유리하다. 올리브영 세일

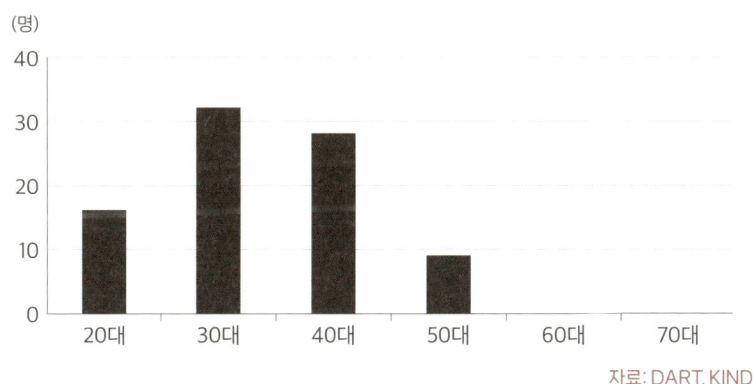

그림 13 • 창업가들, 30~40대에 창업

자료: DART, KIND

그림 14 • 창업가들, 50대에 상장 성공

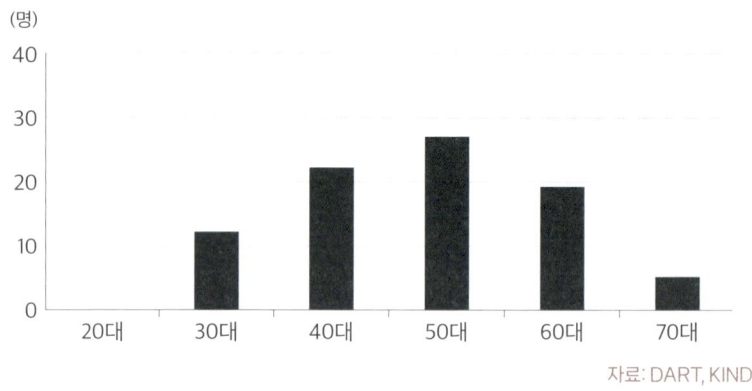

자료: DART, KIND

은 우리나라 물류 시장을 움직일 정도인데, MD가 어떤 제품을 선택하느냐로 인디 브랜드들의 매출 순위가 바뀐다. 이 틈바구니에서 스마트하게 자리를 잡은 브랜드가 메디큐브로 잘 알려진 에이피알이다.

에이피알은 1988년생 대표가 만 25세에 공동 창업했다. 이 회사의 히트 아이템을 보면 우리나라 MZ세대의 유행템을 알 수 있다. 2010년대 중반 아이유 추리닝, 2010년대 후반 인스타그램 화장품, 2020년대 가정용 미용기기 등을 히트시켰고 창업 10년 만에 시가 총액 약 2조 원 가치로 상장에 성공했다. 주력 상품을 바꿔가며 소비자들의 선호를 충족시킨 결과다.

반면, 유행을 타지 않는 분야는 상장하기까지 오랜 시간이 소요된다. 2024년엔 새마을식당, 빽다방으로 유명한 백종원 대표의 더본코

리아가 상장했다. 1994년 더본코리아를 창업한 이후, 상장하기까지 무려 30년이 걸렸다. 치킨 체인점 교촌에프앤비도 상장하는 데 21년이 걸렸다. 상장할 당시 교촌치킨 회장의 나이는 70세였다.

상장까지 시간이 가장 짧게 걸리는 산업은 바이오다. 대략 10년이 걸린다. 기술력만 평가해서 상장시켜주는 특례 제도 덕이다.

● 창업이 보상받는 법 – ② M&A ●

예전엔 창업가가 부를 이루는 방법이 IPO 외엔 딱히 없었지만 금융 산업이 발전하면서 다른 시장들이 생겨나는 추세다. 사모 시장(Private Market)이 커지며 기업 인수 합병(M&A)이 늘어나고 있는 것이 대표적이다.

스타일난다를 창업한 김소희 대표는 동대문에서 1만 원에 산 재킷을 인터넷 중고로 8만 원에 팔면서 사업이 되겠다고 생각했다. 22세였던 2004년에 스타일난다를 창업해 동대문 보세 의류를 옥션과 같은 오픈 마켓에서 팔았다. 2009년엔 화장품 사업도 시작했다. 2015년에 매출 1,000억 원을 달성했고 2018년에 로레알(L'Oréal)에 6,000억 원에 매각했다.

직접 창업하지 않고 초기 멤버로 합류하는 것도 좋은 방법이다. 상

표 2 • 창업 후 M&A 엑싯 사례

피인수 기업	인수 기업	인수 금액 (십억 원)	창업가	업종	창업 연도	인수 연도
우아한형제들	딜리버리히어로	4,750.0	김봉진	배달	2011	2019
하이퍼커넥트	매치그룹	1,933.0	안상일	소셜영상	2014	2021
라이온하트 스튜디오	카카오게임즈	754.0	김재영	게임	2020	2022
포티투닷	현대자동차그룹	427.6	송창현	자율주행	2019	2022
투믹스	테라핀 스튜디오	202.0	김성인	웹툰	2014	2022
더크림컴퍼니	LG생활건강	148.5	김선나	화장품	1988	2022
테이스티나인	프레시지	100.0	홍주열	간편식	2015	2022
레어먼트	세정(우커피)	100.0	권다미 정혜진	의류	2019	2022
허닭	프레시지	100.0	허경환	간편식	2010	2021
쿠캣	GS리테일/NH투자증권	85.0	이문주	간편식	2013	2021
마이셰프	대한항공 기내식	75.0	임종억	간편식	2011	2021
어뮤즈	신세계 인터내셔날	71.3	김창옥 서수아	화장품	2019	2021
데일리호텔	야놀자	60.0	신재식	호텔예약	2013	2021
힌스	LG생활건강	42.5	최다예	화장품	2016	2020
리멤버앤컴퍼니	라인플러스/NAVER	38.0	최재호	명함관리	2012	2017

자료 : 한화투자증권

장을 통해 대표에게 생기는 부를 100이라고 하면 CFO(최고재무책임자), CTO(최고기술책임자) 등 지분을 보유한 주요 임원들은 30의 부를 얻는다. 회사 직원들은 스톡옵션으로 4 정도의 부를 얻는다. 창업팀의 일원이 되면 상장의 과실을 함께 누릴 수 있다.

좋은 스타트업을 알아보는 방법을 귀띔한다. 기업은 대표, 조직, 자본, 기술이 조합된 유기체다. 이 중 조직과 자본은 스타트업이 대기업에 비해 우위를 가질 수 없다. **결국 스타트업을 선택할 때에는 대표와 기술, 이 둘을 봐야 한다.** 대표가 정말 똑똑한지, 우리나라 최고의 전문가인지, 회사를 어디까지 키울 마음이 있는지를 들어봐라. 스타트업은 회사가 지원자를 면접하는 게 아니라 지원자가 회사를 면접하는 것이다. 대표에 대해 철저하게 검증해서 불리한 조건을 감안하고도 따라갈 만한 사람인지를 판단해라.

회사의 기술이 세계적으로 우위에 있는지도 봐야 한다. 기술에 대한 판단은 학술지에 게재되고 논문 인용이 많은지를 보면 되는데, 이것이 어렵다면 링크드인(Linked-In)에서 해당 스타트업이 외국 기업, 연구소, 대학과 기술에 대해 의견을 주고받는지 확인해라.

익명의 직장인 커뮤니티 블라인드(Blind)를 활용할 수도 있다. 이 앱에서는 직원들이 회사를 리뷰하고 평점을 매기는데, 평점은 ① 커리어 향상 ② 업무와 삶의 균형 ③ 급여 및 복지 ④ 사내 문화 ⑤ 경영진 이렇게 다섯 가지 항목으로 구성돼 있다. 이 중 커리어 향상과 사내 문화, 경영진에 대한 평점이 높은 스타트업을 선택해라. 스타트업이 워라밸과 복지까지 좋기는 어렵다.

오랜 시간 함께 일해온 사람들끼리 창업한 회사가 팀워크도 좋고 오래간다. 대표와 CTO, CFO 등 주요 멤버들이 창업 전에도 같은 회사에서 일했으면 연속성이 유지된다. 이해진 네이버 의장은 삼성SDS 사내 벤처 '네이버'의 소사장이었고 창업 멤버들 다수도 삼성SDS 출신이었다. 블루홀(현 크래프톤)은 네오위즈 멤버들이 나와서 차린 회사다.

30대, 장기 투자를 할 특권

● 보수적인 투자는 기회비용 ●

30대는 일할 시간이 많이 남아 있어서 장기 투자를 하기 좋다. 그러나 너무 보수적인 투자는 기회비용이 될 수 있다.

30대 초반부터 노후를 대비한다고 예금이나 연금, 배당주같이 안전 자산에만 돈을 넣는 사람들이 있는데, 젊을 때 안전 자산에만 투자하면 노후가 위험해진다. 안전 자산 수익률은 물가 상승률과 차이가 없어서 구매력을 획득하기 어렵기 때문이다.

그림 15 • 예금 금리, 물가와 비슷한 수준

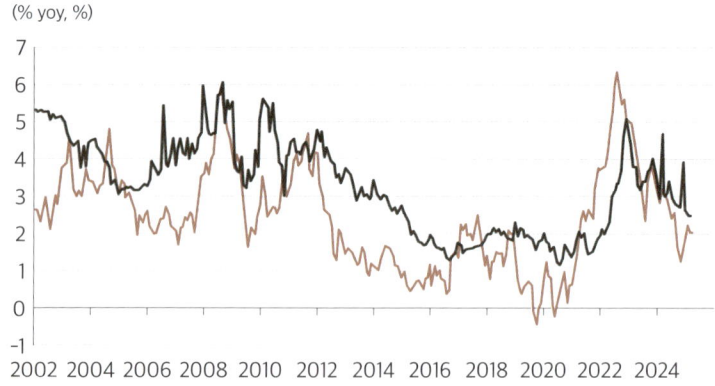

― 한국 물가 상승률 ― 5년 정기 예금 금리

자료: 한화투자증권

2014년부터 2024년까지 약 10년 동안 5년 정기 예금 금리는 연평균 2.3%였다. 같은 기간 소비자물가는 연평균 1.9% 올랐다. 안전 자산에 10년이나 투자했지만 물가를 평균 정도만 따라왔을 뿐이다.

투자할 때 꼭 알아둬야 하는 개념이 듀레이션(Duration), 즉 투자 만기다. 투자 자산의 만기는 돈을 언제 쓸지에 맞춰야 하고 투자 대상은 어디에 쓸 것인지에 맞춰야 한다.

내년 돌아오는 전세 만기에 쓸 돈이면 중·소형주에 투자하는 것보다 일 년짜리 정기 예금에 넣어두는 게 좋다. 올해 태어난 아기의 대학 등록금으로 쓸 돈이면 장기적으로 유망해 보이는 중·소형주에 투자하는 것이 좋다.

● 30대, 기술에 투자하라 ●

30대는 기술에 투자해서 높은 수익률을 노려야 한다. 아직 자본은 적지만 소득이 빠르게 증가해서 위험을 감수할 수 있는 시기다. 작은 기업이 위대한 기업으로 성장하는 과정을 지켜볼 시간도 충분하다.

30대는 복잡한 기술을 이해할 수 있는 머리와 유행을 잡아낼 수 있는 감각을 갖췄다. 투자 경험이 길진 않아서 시장의 사이클을 타고 넘는 노련미는 부족하지만 전문적인 지식과 예민한 미적 감각을 투자의 해자로 삼을 수 있다. 40대 중반만 넘어가도 기술과 세상을 따라가기 버거워진다.

2013년부터 한국 주식 시장은 많이 달라졌다. 2012년 말엔 대기업 계열사들이 시가 총액 상위를 점령하다시피 했다. 지금은 벤처 캐피탈이 키운 기술 기반의 회사들이 시총 상위에 많아졌다. 2024년 말 기준 네이버, 카카오, 셀트리온, 알테오젠, 크래프톤, 에코프로, 카카오뱅크, 하이브, 넷마블, 엔씨소프트, 리가켐바이오, 휴젤, 시프트업 등 기술 기반 기업들이 시가 총액 상위 100개 가운데 13개나 포함됐다. 반면, 2012년 말 시총 상위 100위에 기술 기업이라고는 네이버, 셀트리온, 엔씨소프트 셋뿐이었다.

기술에 투자하기 어렵다고 느끼는 건 투자하는 방법이 잘못돼서다. 주식 시장 격언 중에 "루머에 사서 뉴스에 팔아라"가 있다. 누가 만든 말인지 하수임이 분명하다. 거꾸로 해야 한다. 뉴스에 사서 소문에 팔아야 한다.

알테오젠은 2024년 말 기준 가장 성공했다고 평가받는 기술주로, 2014년 상장일 종가는 3,500원이었다. 그리고 약 10년이 지난 2024년 말 주가는 30만 9,000원으로 100배 올랐다.

뉴스에 사서 소문에 팔았다면 결과는 어땠을까? 알테오젠 주가와 검색 빈도(소문), 특허 취득 및 라이선스 계약 공시(기술 수출 뉴스)를 같이 보자. 알테오젠은 라이선스 계약을 공시하기 7년 전인 2017년과 2019년에 특허권을 취득했다고 공시했다. 기술을 보는 눈이 있었다면 특허권을 분석해서 2017년부터 장기 투자를 할 수도 있었다. 2017년 초 알테오젠 주가는 3만 4,000원 안팎이었다. 이후에도 라이선스 계약 체결 등의 공시가 여러 차례 있었다. 가장 정확한 뉴스인 공시에 사서 검색 빈도수가 높아지는 시점에만 팔았어도 충분한 수익을 올릴 수 있었다. 단, 공시를 해석할 수 있어야 한다.

개인 투자자들이 중·소형주 투자에 실패하는 건 장기 관점에서 투자하지 않고 변동성을 따라다니는 걸 중·소형주 투자로 잘못 알고 있기 때문이다. 변동성을 따라다니는 건 돈을 버리는 것이다.

그림 16 • **알테오젠 주가, 전문가는 공시, 군중은 소문에 반응**

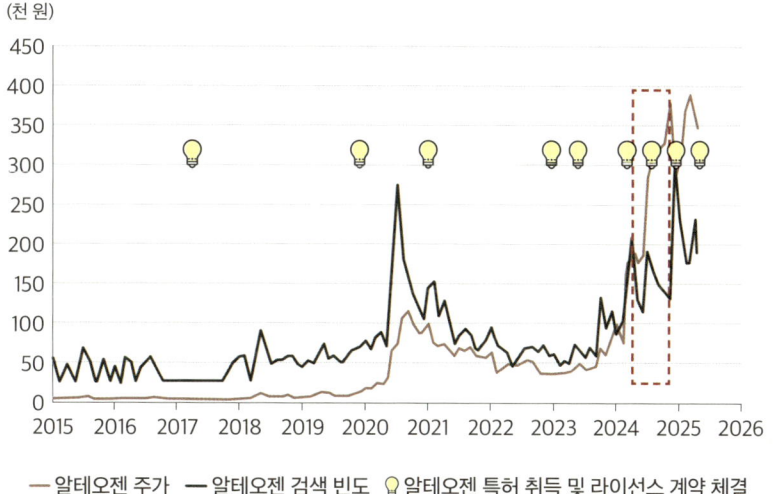

자료: 한화투자증권

● 한국의 새로운 경제와 함께하라 ●

지금의 30대가 살아가야 할 대한민국의 경제 방향은 첨단이다. 부가가 치는 단순 제조가 아닌 기술과 브랜드에서 창출되고 있다.

젊은층의 한국 주식에 대한 관심이 떨어지고 있다. 제조업 중심의 산업 구조와 대주주들의 이익이 우선되는 관행에 대한 반감이 큰 탓이다. 반대로 미국 주식에 대한 선호는 갈수록 강해지고 있다.

하지만 1990년대 초반 미국 주식 시장은 지금 한국과 비슷했다.

제조업에서 일본에게 밀린 뒤 산업 구조를 IT 중심으로 바꾸고 현재의 모습을 띠게 되기까지 20~30년이 걸렸다. 우리는 2013년부터 중국과 경쟁이 심해지는 저부가가치 제조업에서 탈피하기 위해 기술 기반 기업들을 키우기 시작했다. 알테오젠, 크래프톤, 하이브 등이 이런 배경에서 성장한 회사들이다.

한국 주식 시장도 미국 주식 시장의 길을 따라갈 가능성이 높다. 첫째, 한국은 연구 개발(R&D)을 GDP의 5%나 쓴다. 미국 2%보다 배이상 높다. 둘째, 이공계(Science, Technology, Engineering, Math, STEM) 졸업생 비율이 32%로 OECD 평균 22%보다 10%p 이상 높다. 셋째, 개인 주주들이 주주 권리를 적극적으로 행사하면서 제도가 주주 친화적으로 변화할 가능성이 높다.

50대라면 미국 배당주 투자가 답일 수 있겠으나, **30대라면 한국의 기술 성장주들을 공부하고 투자해야 한다.** 30대가 열심히 일하고 경쟁하는 한국 사회의 미래를 비관하는 건 오판일 수 있다. 독자도 지금 이 책을 읽고 있지 않은가.

● **이익은 첨단에 있다** ●

이익은 첨단에 있다는 걸 항상 기억해라. 기술이 돈으로 바뀌는 과정을 이해하면 투자에서 앞설 수 있다. 기술은 모든 산업을 바꾸고 있다. 다음은 미국의 유명 벤처 캐피털인 안드리센 호로비츠(Andreessen Horowitz)의 마크 안드리센(Marc Andreessen)이 2011년 8월 20일 『월스트리트저널(WSJ)』에 기고한 「왜 소프트웨어가 세상을 먹어 치우는가」라는 기고문을 요약한 것이다.

"소프트웨어가 세상을 먹어 치우고 있다. 1990년대 닷컴버블(Dot-com Bubble)의 정점을 지난 지 10년도 더 된 이 시점에 페이스북과 트위터가 실리콘 밸리에 논쟁의 불을 지폈다. 위험하고 새로운 버블일까? 우리는 새로운 인터넷 기업들이 실제적이고 높은 마진을 낼 수 있는 매우 견고한 고성장의 사업 모델을 구축하고 있다고 믿는다.

요즘 주식 시장은 기술주를 싫어한다. 역사적으로 낮은 P/E가 이를 증명한다. 애플(Apple)은 P/E 15.2배에 거래되고 있어서 시장 평균 수준이다. 애플은 며칠 전 엑슨 모빌(Exxon Mobil)을 제치고 시가 총액이 가장 큰 주식이 됐다. 많은 논쟁들의 초점이 아직도 실리콘 밸리 최고 기업의 내재 가치에 맞춰져 있지 않고 주가 밸류에이션에 맞춰져 있다.

실리콘 밸리의 기술 기업들은 기존의 산업 구조를 공격하고 전복시키고 있다. 앞으로 10년 동안 더 많은 기업들이 소프트웨어에 의해 뒤집어질 (Disrupt) 것이다. 왜 지금 이런 일이 벌어지고 있는가.

60년 전 컴퓨터 혁명이 있었다. 40년 전 반도체가 개발됐다. 20년 전

인터넷이 부상했다. 이 모든 기술들이 소프트웨어와 결합돼 산업을 바꾸고 있다. 20억 명이 넘는 사람들이 인터넷을 쓰고 있다. 10년 전에 5,000만 명이었다. 10년 뒤엔 스마트폰을 통해 50억 명이 인터넷을 사용할 것이다.

아마 소프트웨어가 전통 산업을 먹어 치우는 가장 드라마틱한 예시는 아마존(Amazon)일 것이다. 킨들(Kindle)은 종이책을 넘어섰다. 넷플릭스(Netflix)가 블록버스터(Blockbuster)를 짓밟은 건 오래된 얘기다. 전통 레코드 레이블은 애플의 아이튠즈(iTunes), 스포티파이(Spotify), 판도라(Pandora)에 음원만 제공하고 있을 뿐이다. 디즈니(Disney)는 픽사(Pixar)를 사지 않으면 안 됐다. 셔터플라이(Shutterfly), 스냅피시(Snapfish), 플리커(Flickr)는 코닥(Kodak)의 자리를 차지했고, 구글(Google)은 소매 마케팅 시장을 먹어 치우고 있다. 스카이프(Skype)는 85억 달러에 마이크로소프트(Microsoft)에 인수됐지만 센추리링크(CenturyLink)는 매년 7%씩 역성장 중이다. 링크드인(Linked-In)은 가장 빠르게 성장하는 리크루팅 기업이다.

소프트웨어는 물리적 세상에 존재하는 산업들도 먹어 치우고 있다. 오늘날의 자동차는 소프트웨어로 엔진, 안전장치, GPS, 내비게이션, 엔터테인먼트 시스템을 구동한다. 전기차는 소프트웨어로의 전환을 가속화할 것이다.

슈퍼 컴퓨팅, 데이터 시각화 및 분석은 에너지 기업들이 석유·가스를 시추하는 데 핵심적인 역할을 하고 있고, 농업 역시 위성 분석, 토양 분석 알고리즘의 도움을 받는다. 심지어 국방 또한 소프트웨어에 기반해 있다. 현대의 군인은 소프트웨어로 무장하고 있다고 해도 과언이 아니다."

- Why software is eating the world - By Marc Andreessen August 20, 2011 WSJ

기술 기업들은 전통 기업들을 전복시키면서 돈을 번다. 쿠팡은 물건을 더 싼 가격에 빨리 받고 싶은 사람들을 전통 시장과 할인점으로부터 빼앗아왔다. 배달의민족은 외식은 하고 싶지만 집 밖으로 나가기 싫은 사람들을 고객으로 끌어들였다. 카카오택시는 길에서 택시를 잡기 위해 버려야 하는 시간을 아껴줬고 행선지까지 안전하게 데려다줬다. **사람들은 약간의 불편함을 줄여주는 서비스에 기꺼이 돈을 지불한다. 편리함은 물론 절약되는 시간에 돈을 쓰는 것이다.** 그 시간에 쉬거나 일을 더 하는 게 가치가 있다고 생각한다.

15년 전 마크 안드리센의 기고문은 전부 현실이 됐다. 소프트웨어를 디지털로 바꾸면 더 이해하기 쉽다. 디지털 기술은 모든 산업을 뒤흔들었고 앞으로는 더 많은 산업들을 전복시킬 것이다. 지금까지의 방향성을 고려했을 때 확실하다.

디지털 소프트웨어가 물리적 하드웨어를 대체하는 속도가 빨라지는 이유는 'Bathtub Curve'로 설명할 수 있다. Bathtub Curve란 하드웨어 장비는 처음엔 고장이 잦지만 시간이 지나면서 점차 안정화되고, 이후 장비의 수명이 다하면 다시 고장이 자주 나서 결국 새 장비로 교체되는 과정을 가리킨다. 이는 제조업에도 적용된다. 인력이 미숙할 때에는 원가율이 높다. 작업을 반복하면 숙련도가 올라가서 원가율이 낮아진다. 나이가 너무 많아지면 다시 숙련도는 저하된다.

그러나 소프트웨어는 다르다. 초반엔 오류(버그)가 많지만 시스템이 안정되면서 오류가 감소한다. 하드웨어 장비와 다른 점은 다음부터

그림 17 • **Bathtub Curve**

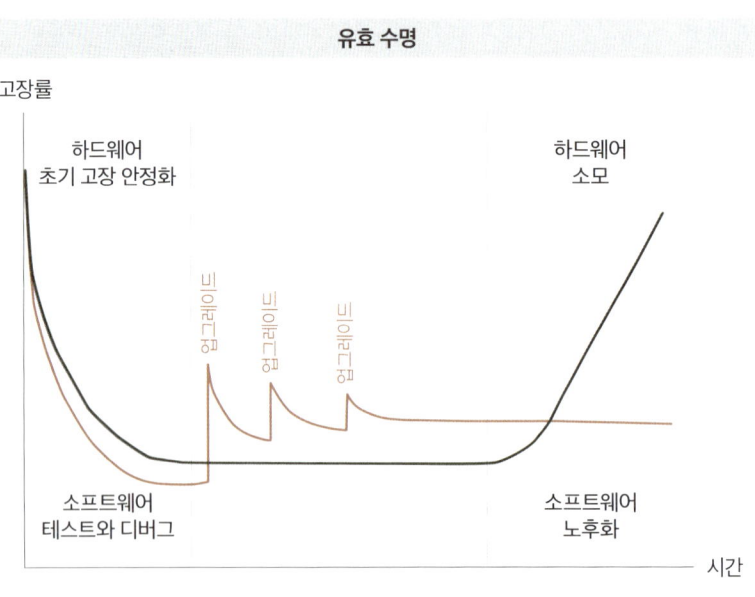

자료: 한화투자증권

생기는 오류를 소프트웨어 업그레이드를 통해 낮출 수 있다는 것이다. 업그레이드를 통해 낮은 고장률을 오래 유지할 수 있기 때문에 장비의 교체는 업그레이드로 대체된다. 설비에 투자한 금액 대비 벌어들이는 수익 측면에서 소프트웨어는 하드웨어를 압도하게 된다.

● 기술 기업의 비즈니스 모델 ●

우리나라를 대표하는 두 기업을 비교해 보면 하드웨어 기업과 소프트웨어 기업의 차이를 이해할 수 있다. 삼성전자는 1990년대 중반 투자를 조 단위로 늘리기 시작했다. 그때만 해도 돈을 안정적으로 벌지 못했기 때문에 부채로 자금을 조달했다. 부채 비율은 100%를 넘었고 1997년 말엔 461%를 기록하기도 했다. 삼성전자는 조달한 자금을 주기적으로 대규모 투자에 사용했다.

네이버는 1999년 6월 자본금 5억 원으로 창업했다. 2001년 상장하기 전까지 총 일곱 번의 유상증자를 통해 17억 4,000만 원을 조달했다. 또 한국기술투자로부터 두 번, 새롬기술로부터 한 번, 총 세 번에 걸쳐 외부 자금 125억 원을 투자받았다. 이렇게 조달한 자금을 인력 충원과 개발에 썼다. 네이버는 그 이후 자금을 추가 조달하지 않았고, 소프트웨어 업그레이드를 통해 현재까지 서비스를 지속하고 있다.

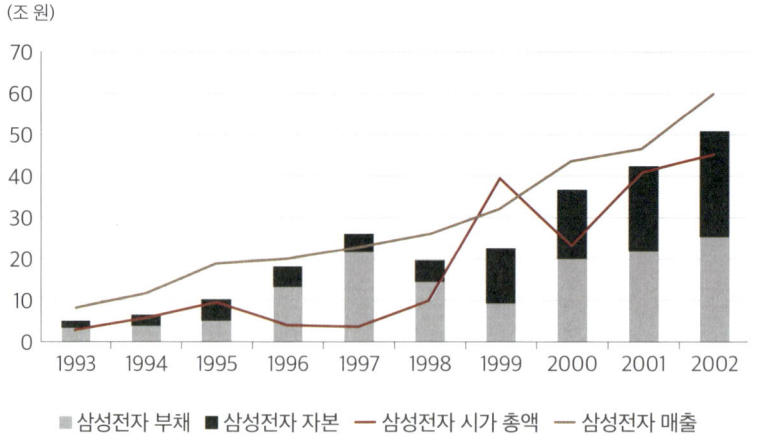

그림 18 • 삼성전자, 1990년대 중반 부채로 자금 조달해 투자

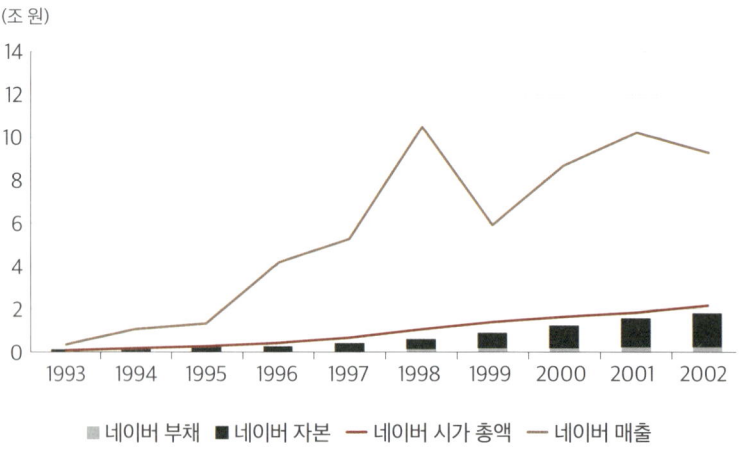

그림 19 • 네이버, 상장 전 유증과 자금 유치로 투자

사업이 실패하면 장비는 팔 수 있지만 소스 코드는 가치가 0이 된다. 소프트웨어 기업은 투하 자본 대비 이익률이 높은데, 성공 확률이 낮고 실패하면 건질 것조차 없는 사업에 돈을 댄 투자자들의 위험 감수와 경쟁에서 이긴 기업의 이력이 담겨 있다.

카카오는 소프트웨어 기업의 장점을 보여주는 최신 사례다. 카카오는 2010년 3월 카카오톡 서비스를 출시했다. 1년 만에 1,000만 명의 가입자를 확보했고 이듬해인 2012년 4,000만 명이 가입했다. 2024년 카카오톡 월간 활성 사용자 수(MAU)는 4,800만 명으로 2012년에서 큰 차이가 없다. 하지만 카카오는 메신저로 확보한 사용자를 기반으로 큰 투자 없이 전통적인 기업들이 장악한 분야에 진출했다. 2010년 12월 23일 선물하기 서비스를 시작으로 카카오페이(결제), 카카오뱅크(금융), 카카오페이지(엔터), 카카오택시(모빌리티) 등을 연달아 출시했다. 사용자를 모으기까지는 돈이 많이 들어 2011년까지 적자를 기록했다. 하지만 사업을 확장하는 데는 돈이 크게 들지 않아 2012년 흑자로 전환했고, 이후 2021년까지 영업 이익 규모를 키웠다.

주가는 매출과 같이 움직였다. 카카오와 같은 기술 기업들은 매출이 늘어나면 곧바로 이익이 증가하기 때문에 매출 증가율이 최고를 기록했던 2021년, 주가 역시 17만 3,000원으로 최고가를 기록했다.

그림 20 • 카카오 실적과 주가 추이

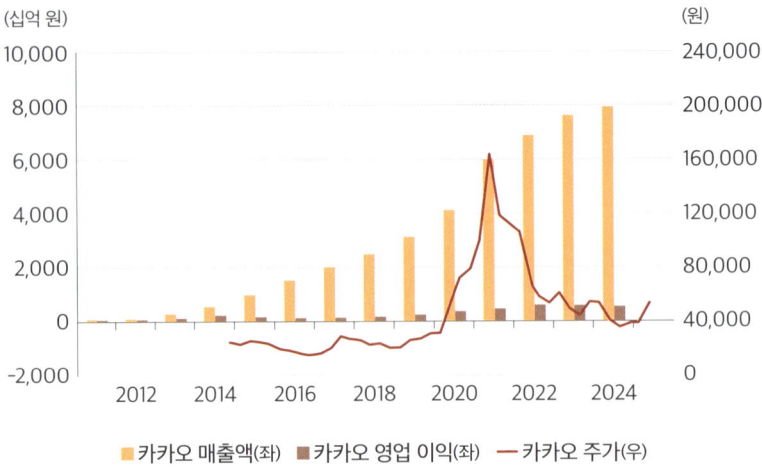

자료: 한화투자증권

● 기술을 기술로 이해할 필요는 없다 ●

일반인이라고 **기술에 투자하는 걸 어려워할 필요는 없다. 기술을 이해하면 더 좋겠지만 기술이 주는 이점만 생각해도 충분하다.** 우리는 TV를 살 때 TV 회로도를 이해하고 사지 않는다. 화면이 몇 인치인지, 해상도는 몇 K인지, A/S는 잘 되는지 정도만 확인한다. 기술 기업에 투자하는 것도 마찬가지다. 이 기술을 사람들이 싸고 편리하게 이용하는지, 그 편리함에 돈을 지불하는지를 판단하면 된다.

실제로 기술에만 집중하다 망한 사례들이 부지기수다. 소니(SONY)는 2003년 미니 CD플레이어를 출시했다. 인터넷 시대에 음악이 CD에서 파일로 넘어가는 흐름을 따라가지 않고 음질에 집중했다. 2004년 애플이 아이팟 미니를 출시하자 미니 CD플레이어는 애플의 작고, 예쁘고, 쓰기 편한 기기에 처절하게 밀렸다.

구글의 초기 투자자 중엔 전 NBA 농구선수인 샤킬 오닐(Shaquille O'neal, 별명 '샤크')이 있다. 샤크는 1999년 LA의 한 호텔에서 구글의 경영진과 우연히 마주쳤다. 경영진은 샤크에게 구글에 투자해달라고 부탁했지만 그는 정중히 거절했다. 그때 주변에 있던 학생이 사인을 요청했고 샤크는 사인을 해주면서 숙제할 때 어디서 자료를 찾느냐고 물었다. 그 학생은 구글에서 찾는다고 대답했고 샤크는 구글 경영진을 다시 찾아가 투자하겠다고 했다. 만약 샤킬 오닐이 당시 구글의 핵심기술이었던 페이지랭크(PageRank)에 대해 자세히 알아보려고 했다면 투자를 못했을 수도 있다.

샤킬 오닐은 이후로도 부동산, 기술, 엔터테인먼트에 성공적으로 투자했고 지금은 순자산이 5억 달러에 달한다. 하지만 그는 자녀들에게 재산을 물려주지 않을 계획이라고 한 인터뷰에서 밝혔다. 자녀들이 사업계획서를 가져오면 검토하고 투자해줄 수는 있다고 말했다.

비상장 주식 투자 경력만 20년이 넘는 필자의 지인은 휴젤이 비상장일 때 투자해서 많은 돈을 벌었다. 그가 휴젤에 투자하기 전 확인한 건 딱 세 가지였다. 첫째, 피부 미용에 대한 관심이 계속 높아지고 있었다. 둘째, 국내 상장 기업들 중에 보톡스 회사가 몇 개 없었다. 셋째, 보톡스 관련 주식이 전 세계에도 몇 개 없었다.

그림 21 • 샤킬 오닐의 첫 번째 투자는 구글

자료: YouTube <WSJ>

● 기술에 투자하는 4단계 ●

기술에 투자할 때엔 기술이 돈으로 바뀌는 네 가지 단계를 확인하고 각 단계마다 나눠 투자하는 것이 좋다. 30대는 이 단계들을 기다릴 시간이 충분하다.

첫 번째 단계는 기술을 완성했을 때다. 회사가 특허를 내서 기술을 '찜'하는지 확인해라. 두 번째 단계는 상업화에 성공했을 때다. 제품, 서비스, 신약 등이 '출시'된다. 세 번째 단계는 고객이 늘어날 때다. 시장이 열린다. 네 번째 단계는 매출이 증가할 때다. 숫자로 확인할 수 있다.

테슬라(TESLA) CEO인 일론 머스크(Elon Musk)의 로켓 회사 스페이스X(SpaceX)를 예시로 살펴보자.

1. 달 탐사가 중단된 지 30년이 지난 2002년에 일론 머스크는 로켓 기술을 확보해 스페이스X를 창업했다.
2. 스페이스X는 2015년 로켓을 발사한 뒤 회수하는 데 성공했다. 발사 비용을 1/20로 줄였다. 사람이 달에 간 지 46년 만에 미국의 로켓 기술은 상업성을 갖췄다.
3. 로켓 발사 비용이 저렴해지자 소형 위성을 쏘아 올리려는 수요가 급증했다. 즉, 스페이스X의 고객이 증가하고 있다.
4. 매출 역시 증가하고 있다. 2022년 46억 달러였던 매출은 2023년

87억 달러로, 2024년엔 131억 달러로 늘어났다.

위 네 단계를 빠르게 통과하는 기업이 있고, 다음 단계로 나아가지 못하는 기업이 있다. 기술 기업은 계속 문제에 부딪히게 돼 있다. 문제 해결 능력이 좋은 기업의 주식을 사야 한다.

필자는 인간 유전자 정보를 가장 많이 가지고 있는 미국 기업에 투자했다가 투자 경력에서 두 번째로 큰 손실을 본 적이 있다. 그 회사는 유전자 정보를 바탕으로 신약을 개발하면 비용도 아낄 수 있고 개발

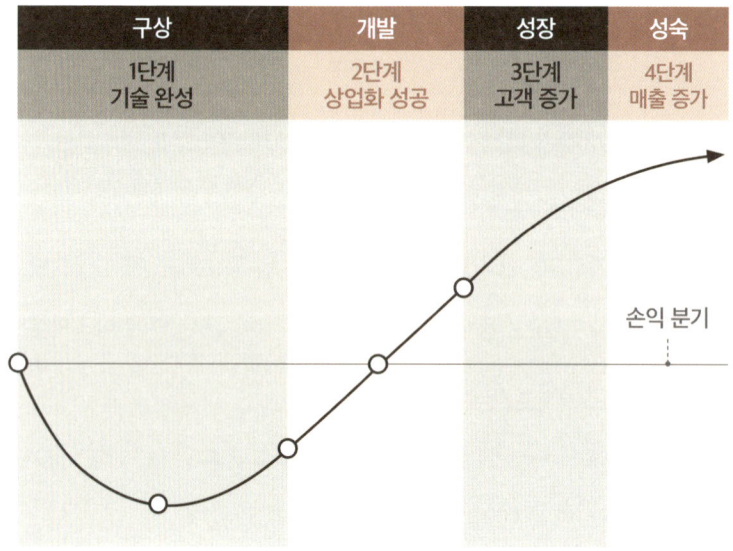

그림 22 • 기업의 성장 단계

자료: 한화투자증권

기간도 단축할 수 있다고 했지만, 신약을 개발하기까지 시간이 늘어졌고 다른 사건들도 터지면서 가지고 있는 현금을 소진한 끝에 파산했다. 경영자의 문제 해결 능력을 보지 않은 대가는 컸다.

● 기술을 발견하는 법 ●

기술에 투자해 30대에 FIRE(Financial Independence Retire Early, 재정적 독립을 이루고 일찍 은퇴하기)에 성공한 필자의 지인인 'srt'는 새로운 기술이 등장하면 일단 돈을 태워야 한다고 강조했다. 그는 기술이 뭔가를 만드는 건 어렵지만 파괴하는 건 쉽기 때문에 기술에 대해 롱(매수) 포지션을 가지는 건, 기술에 의해 파괴될 기업의 대규모 숏(매도) 포지션에 대응된다고 설명했다.

2007년 애플이 아이폰을 출시하자, 피처폰을 포함해 디지털 카메라, 게임기, PDA, 녹음기, 계산기 등이 필요 없어졌다. 2007년 6월 애플의 시가 총액은 745억 달러로, 노키아(Nokia)의 시총인 1,476억 달러의 절반밖에 되지 않았다. 노키아를 포함해 다른 주식들의 하락에 베팅(숏 포지션)하는 것보다 애플 하나를 사는 게 더 효율적이고 경제적이다.

'srt'는 2016년에 처음 코인을 접하게 된 계기를 들려줬는데, 30대가 어떻게 기술을 투자로 연결해야 하는지 좋은 참고가 된다.

"2016년에 코인을 처음 알았다. 블록체인(Blockchain)이란 무엇인가를 강의하는 자리에 참석했는데, 200명 정원의 강의실에 네 명이 들어왔다. 코인이 뭔지 들어본 적은 있는 상태에서 비트코인이 뭐고, 이더리움이 뭐고, 거래소도 있다는 얘기를 들었다.

실제로 거래를 해봤는데, 호가가 엄청 촘촘했다. 100만 원 넘어서 사봤는데, 사졌다. 그때부터 진지하게 공부했다.

블록체인이라는 기술이 있는데, 비용을 엄청 내려주는 모델이었다. T+1 결제가 없어진다는 게 특히 매력적이었다. 평소에도 비용을 줄여주는 기술은 빠르게 적용된다고 생각하고 있었다.

보다 보니 화폐란 무엇인가에 대해서도 생각하게 됐다. 화폐는 신뢰에 기반한 약속인데, 코인은 신뢰에 기반한 약속이 될 수 있을 것 같았다. 금이 가지는 희귀속성은 있을 거라고 생각해서 비트코인이 금 시가 총액의 1/10은 되지 않을까? 이더리움은 비트코인의 1/10은 되지 않을까? 이렇게 막연한 기준을 잡고 투자를 시작했다.

기술에 대한 투자는 일반인들까지 흥분하면 보통 끝난다. 기술의 끝이 아니라 투자의 끝이 그렇더라. 일단 이런 투자를 하면 내 주변에 좀 트렌드에 민감한 친구들에게 들어봤냐고 물어보는 편이다. 얼리어답터들 비율이 30% 정도 되니까, 10명 중 3명 미만이면 투자해도 되겠다고 생각

그림 23 • 금, 비트코인, 이더리움 시가 총액

자료: 한화투자증권

했다.

스마트폰 위젯에 비탈릭 부테린(Vitalik Buterin)이 운영했던 비트코인 매거진을 걸어놨는데, 일주일에 한 번 뜨던 뉴스가 일주일에 한두 개로 늘더니 갑자기 오전에만 스무 개씩 뜨기 시작했다. 2017년에 몇 달 만에 가지고 있던 코인이 수십 배가 올랐다. 사무실 밑에서 담배 피우고 있는데, 사람들이 지나가면서 이더리움을 얘기하더라. 바로 사무실에 올라가서 갖고 있던 코인을 다 팔았다."

'srt'의 성공담이 부러운가? 과정을 들으면 그렇지 않을 것이다. 일반인들이 이해하기 어려운 현상에 관심을 가져야 하고 블로그, 카페에도 없는 내용을 뒤져서 찾아야 한다. 처음 들었을 땐 가슴이 뛸 수 있지만 'srt'는 일부러 일주일을 기다리고 다시 생각해 본다고 했다. 보통의 인내심과 자기 객관화, 통제가 없으면 불가능한 일이다.

30대 젊은이들은 지금보다 더 불확실한 시대를 살게 될 것이다. 꼭 투자가 아니어도 어떤 분야에서든 네다섯 가지를 시도하면 그중 하나가 성공할까 말까 하는 삶이 계속될 것이다. 30대에게 실패는 일상이다. 작은 실패를 계속 해야 한다. **젊은이에게 리스크는 실패하는 것이 아니다. 대박을 놓치는 것이다.**

그림 24 • **혁신이 확산되는 과정**

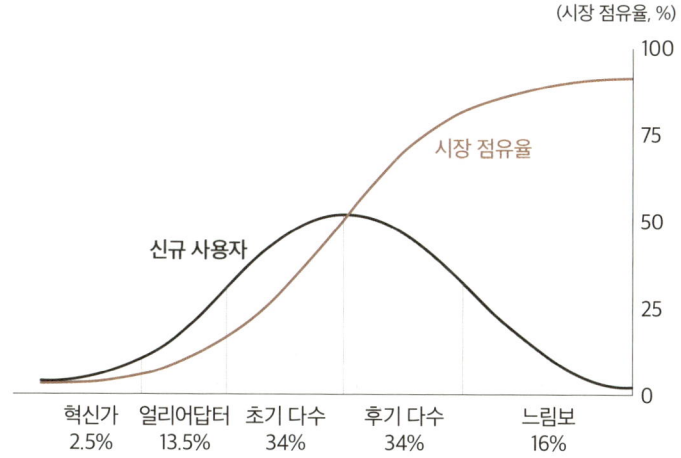

자료: 한화투자증권

내 집 마련의 기술

● 특별한 이유가 있지 않으면 사라 ●

내 집 마련은 30대에 해야 할 가장 중요한 의사 결정 가운데 하나다. 결혼과 출산이 의무에서 선택이 되면서 내 집을 갖는 것도 선택이 돼가고 있다. 10년 전엔 30대의 40%가 내 집을 보유했지만 지금은 35%만 보유하고 있다.

가정을 꾸릴 계획이 전혀 없고 일 년의 대부분을 해외에서 보내는 게 아니라면 **집은 사는 게 좋다.** 집값이 인플레이션에 연동돼 전·월세 가격 상승을 걱정하지 않아도 되고 학군 등 주변 인프라를 누릴 수 있기 때문이다.

그런데 양극화가 심해지면서 주택의 인플레이션 헤지 기능이 서울, 그중에서도 특정 지역, 아파트로만 국한되고 있다.

2013년 이후 우리나라의 소비자 물가 상승률은 연평균 1.9%였다. 전국 평균 집값은 연평균 1.2% 올랐고, 서울 집값은 2.1%, 서울 아파트 가격은 2.7%, 서울 강남 아파트 가격은 4.5% 상승했다.

더 이전으로 시계열을 늘려도 결과는 같다. 1987년 이후 우리나라의 연평균 물가 상승률은 3.5%였고, 같은 기간 전국 아파트 가격 상승률은 5.8%, 서울 아파트 가격 상승률은 6.7%였다.

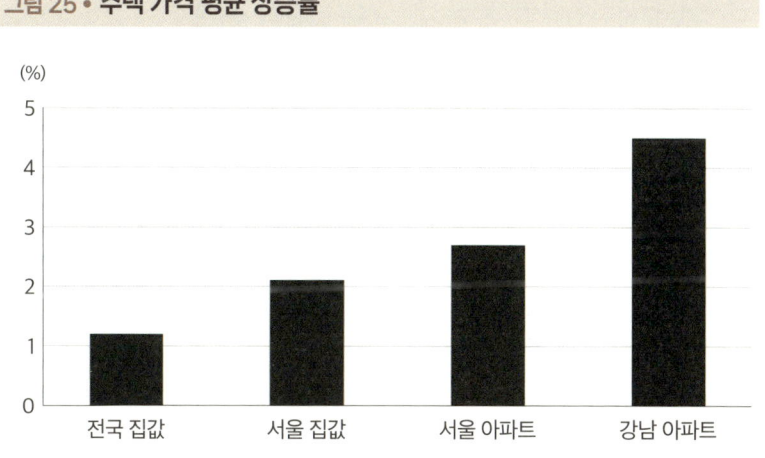

그림 25 • **주택 가격 평균 상승률**

자료: 부동산원

그림 26 • **주택 평균 가격**

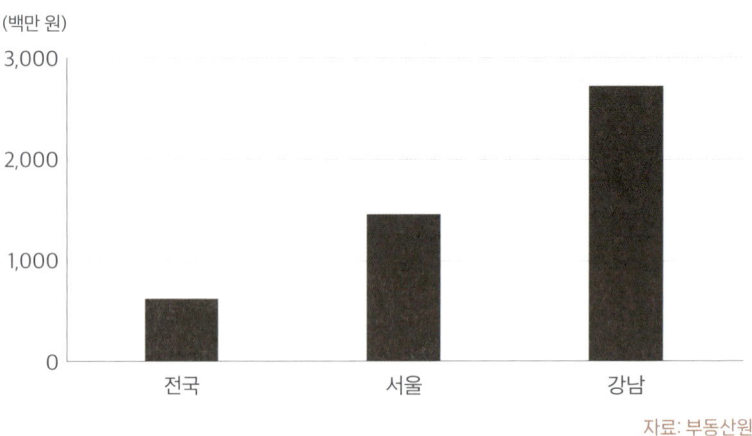

자료: 부동산원

    2024년 말 강남 33평 아파트 가격은 27억 5,000만 원이었다. 서울 아파트 평균 가격인 14억 7,000만 원, 전국 아파트 평균 가격인 6억 2,000만 원보다 각각 두 배, 네 배 비싸다. 지난 10년간 상승률의 차이가 아파트 가격에 정확히 반영돼 있다. 주택의 형태에 따라, 지역에 따라 인플레이션 헤지 기능이 다르다는 사실을 알아야 한다.

● **내 집 마련의 타이밍** ●

기회 비용을 고려해서 매수 타이밍을 저울질해야 한다. 전세나 월세를 사는 비용은 전·월세 전환율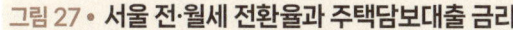로 환산할 수 있다. 집을 소유하는 비용은 주택담보대출(주담대) 금리에 세금을 더한 만큼이다.

한국부동산원에 따르면 2024년 12월 기준 전·월세 전환율은 4.6%다. 주담대 금리는 4.3%, 재산세율은 1주택의 경우 0.35%가 적용된다. 집을 살 때 집값의 절반 정도를 대출받고, 전세 가격이 집값의 절반 정도 되니까 전·월세 전환율과 주담대 금리에 세금을 더해 비용을 비교하면 득실을 따질 수 있다. 2024년 12월엔 전·월세 전환율과

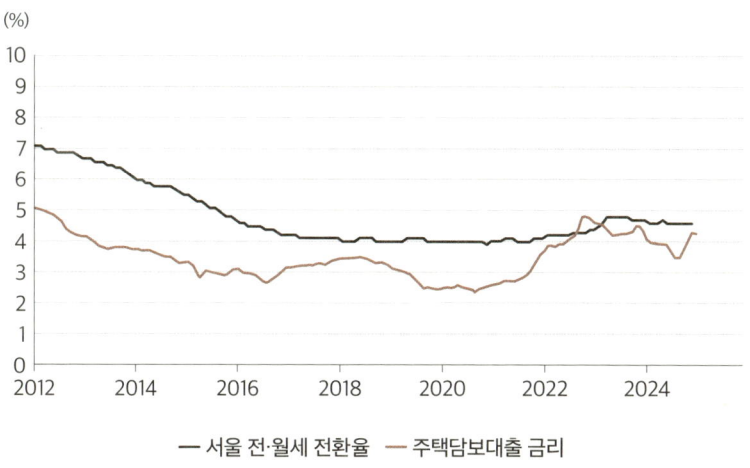

그림 27 • 서울 전·월세 전환율과 주택담보대출 금리

자료: 한국부동산원, 한국은행

* 전세 보증금의 전부 또는 일부를 월세로 전환할 때 적용되는 비율
  (월세 = 전환되는 금액 × 전·월세 전환율 ÷ 12개월)

주담대 금리에 재산세율을 더한 값이 거의 같으므로 어느 한쪽이 더 유리하지 않다. 그러나 지난 대부분 기간엔 주담대 금리가 더 낮았다. 집을 사는 게 유리했다는 의미다.

주담대 금리에 재산세율을 더한 비용이 전·월세 전환율보다 낮아질 때 집을 사는 게 시기상 적절하다. 그러려면 평소에 금리와 세금에 민감해야 한다.

전국에서 자기 집을 보유한 사람의 비율은 60%, 수도권에서 자기 집을 보유한 사람의 비율은 55%다. 주택 시장은 기본적으로 사려는 사람이 팔려는 사람보다 많은 매도자 우위 시장이다. 그러므로 집은 시장 상황이 안 좋을 때, 즉 일시적으로 매수자에게 유리한 시장이 조성됐을 때 사야 한다. 실전적으로 말하면 급매로 사는 게 좋다. 경기가 안 좋아지면 주담대 금리가 떨어지고 정부가 취득세를 인하하기도 해서 매수자에게 유리한 환경이 조성되기도 한다.

매수자에게 유리한 시장(Buyer's Market)과 매도자에게 유리한 시장(Seller's Market)을 판단하는 연습도 해놓으면 좋다. 경제 상황이 안 좋으면 팔려는 사람이 많아져 매수자에게 유리하고 경제 상황이 좋으면 사려는 사람이 많아져 매도자에게 유리하다. 자산의 속성상 공급이 줄어들면 매도자에게, 공급이 늘어나면 매수자에게 유리하다.

필자가 부동산과 관련해 조언을 구하는 명실공히 부동산 최고의 달인 '스승님'의 일화를 소개한다. 40대 후반인 그는 30대에 집과 건물로 재산을 이뤘다. 살 집이든, 건물이든 적정 가격보다 저평가된 부동산을 찾아내는 데 도가 튼 그는 매도 호가에 사는 법이 없다. 자신이 호가를 제시하고 매도자가 받아들일 때까지 기다린다. 20억 원에 매물로 내놓은 집을 16억 원에 산다. 당연히 부동산 경기가 좋을 때보다 경기가 좋지 않을 때 기회가 많다.

● 2,000만 원이 만드는 차이 ●

2024년 기준 30대 가구 중 자가에 거주하는 비율은 35%였다. 그중 아파트에 사는 비율은 81%였다. 30대에 내 집을 소유한 가구의 평균 소득은 8,800만 원으로 30대 가구 평균 소득인 6,900만 원보다 약 2,000만 원이 더 많았다. 결국 이 2,000만 원이 내 집 마련을 결정짓는다.

집을 사겠다고 마음먹었으면 소득에서 비용을 뺀 잉여 소득이 원리금을 감당할 수 있을 때 빨리 사는 게 좋다. 30대이므로 앞으로 소득은 늘어나고 집값은 인플레를 반영해 상승하기 때문이다. 그렇다면 어느 정도의 집이 적당할까?

주담대 금리와 세금을 합해서 5%라고 하자. 대출 기간이 보통 35년이니 1년 잉여 소득 2,000만 원을 원리금으로 쓸 수 있으면 빌릴 수 있는 돈이 3억 2,000만 원이다. 절반 대출을 받는다고 하면 6억 4,000만 원 정도 되는 집이 적당하다. 주담대 금리가 떨어져서 세금

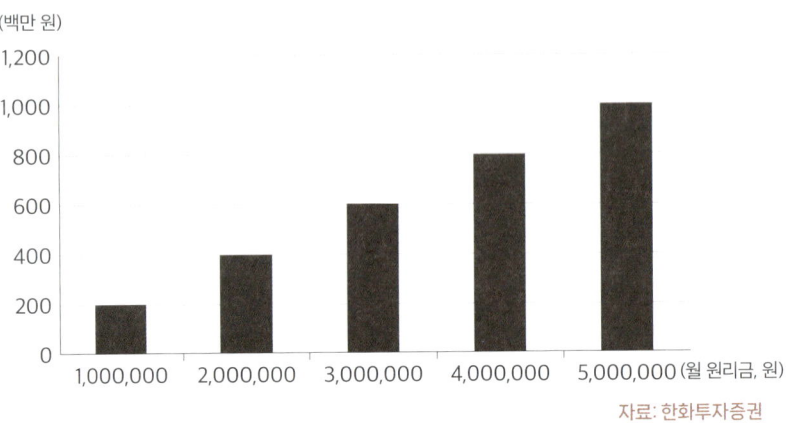

그림 28 • 월 원리금에 따른 대출 가능 금액(잉여 소득 2,000만 원 가정)

자료: 한화투자증권

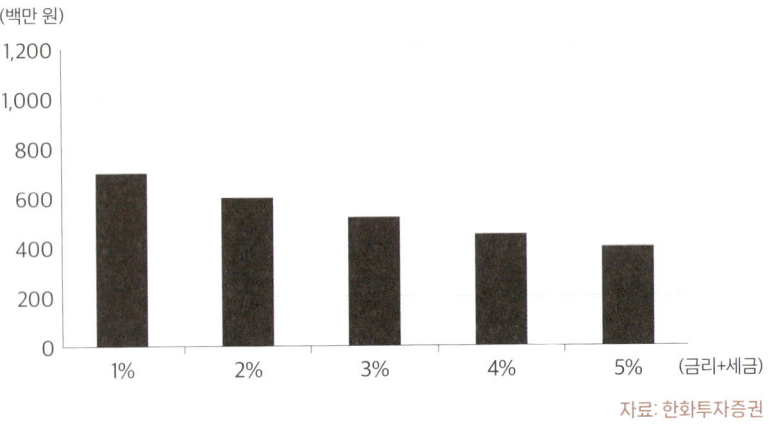

그림 29 • 금리와 세금 비용에 따른 대출 가능 금액(잉여 소득 2,000만 원 가정)

자료: 한화투자증권

을 합해 4%라고 하면 3억 8,000만 원을 빌릴 수 있고 적정 집값은 7억 6,000만 원으로 올라간다.

● 어디에 살 것인가 ●

예나 지금이나 집을 어디에 살 것인지는 인생에서 가장 중요한 결정 중 하나다.

조선 후기 실학자 다산 정약용은 아들들에게 "한양도성 4대문 10리를 벗어나지 말라"라고 당부했다. 외국 문물을 쉽게 접하고, 좋은 교육을 받기 위해서였다. 하지만 물 좋고 산 좋고 정자 좋을 수는 없는 법. 직장 가깝고, 학군지이면서, 신축인 아파트는 당연히 비싸다.

자신의 상황을 고려해서 가장 중요한 이점은 취하고 감수할 수 있는 불편함은 참으며 살아야 한다. 자녀의 교육이 가장 중요하면 학군지 구축에 살고, 직장이 가까워야 하면 자녀를 학원까지 태워가고 태워와라. 새 집에서 살고 싶으면 외곽으로 나가라.

필자는 15년 전 처음 집을 사겠다고 마음먹고 '스승님'을 찾아갔다. 강남 구축 '○○공원' 아파트를 추천해줬다. 가봤는데 아파트가 살짝 언덕에 있었다. 언덕이라 별로라고 하자 "강남이잖아. 옆에 공원 있잖아. 언덕이겠지"라며 설득했다. 그래도 마뜩지 않아 하자 노량진에 몇 동 되지 않는 아파트를 가보라고 했다. 노량진 수산 시장 리노베이션 전이었고 마침 여름이라 생선 냄새가 나는 것 같았다. "9호선이잖아. 한강 보이잖아. 생선 냄새 나겠지"라며 또 설득했다. 필자는 결국 평지에 생선 냄새 안 나는 애매한 지역의 아파트를 샀고 제대로 물렸다.

부동산의 달인조차 실수를 하는 것이 부동산이다. '스승님'은 경기도 외곽에 20평대 아파트를 구경하고 나서 세를 주면 잘 나갈 것 같다는 생각을 했다. 계약하고 돌아오는 버스 안에서 등에 식은땀이 나기 시작했다. 일단 집까지 너무 멀었다. 본능적으로 잘못 샀다는 걸 느꼈고, 빨리 잔금을 치른 뒤 곧바로 내놔서 손실을 적게 보고 팔았다. 그 일이 있고 난 뒤 '스승님'은 꼭 좋은 지역 안에서 싼 매물을 찾아다녔다.

● 비교하고 비교하고 비교해라 ●

주택이 아파트에 비해 너무 싸다고 느낀 '스승님'은 서울의 고급 주택지인 성북동, 평창동, 연희동에 집을 보러 다녔다. 그는 지하철과 버스로 업무 지구인 광화문, 여의도, 강남을 가봤다. 연희동이 거리도 비슷한데 이상하게 쌌다. 연희동에 집을 매수했고 그 거래로 십몇억 원의 이익을 봤다.

집을 잘 사려면 많은 지역을 가보고 끊임없이 비교해야 한다. 그러다 보면 비슷한 조건에 저평가돼 있는 집이 눈에 들어온다. 그런 집을 사야 한다.

● 돈의 감각을 잃지 말아라 ●

고수는 더 고수를 만나서 배운다. '스승님'은 30대에 레버리지를 일으켜 건물을 샀고, 몇 년을 기다렸다. 건물 가격은 많이 올랐고, 옆 건물들까지 사서 오피스텔을 올리겠다는 사업가가 나타났다. 계약을 하러 온 50대쯤으로 보이는 사업가는 코르덴 바지에 허름한 가을 패딩을 입고 나타났는데, '스승님'이 계약서에 사인하려는 찰나 "0.8%만 깎아주세요"라고 질렀다. 처음으로 큰돈을 만지는 것이어서 0.8% 정도는 깎아줘도 괜찮다고 생각해 계약서에 사인했다. 그 0.8%는 몇천만 원이나 됐고, 돌아오는 길에 그때 자리에서 일어났어야 한다는 생각에 머리가 아파오기 시작했다.

부동산은 한 번에 큰돈이 오가고 부대 비용도 많이 발생한다. 자칫 얼마나 큰돈인지 감이 없어질 수 있다. 그 돈을 원리금으로 갚으면 얼마나 갚아야 할지를 생각해 보라. **큰돈일수록 금액에 예민해야 한다.**

● 자존감을 지켜라 ●

서울 한남동 같은 극소수 아파트는 트로피 애셋(Trophy Asset)으로서의 성격이 강해지고 있다. 소유하는 이유가 주거나 인플레 헤지가 아닌 과시여서 다른 자산으로 봐야 한다. 앞으로 서울에서 100억 원 미만의 집은 오르지 않을 것이라는 주장도 있다. 아주 불가능하지도 않을 것 같다. 부자의 마지막 조건은 자존감이다. **트로피 애셋이 없다고 상대적 박탈감을 느껴서는 안 된다.**

30대는 성장하는 시기여서 근로 소득을 높이는 데 중점을 둬야 한다.
하는 일에서 상위 1%가 되는 게 중요하다.

◆

기술에 투자해서 높은 수익률을 노려야 한다.
기술이 돈으로 바뀌는 네 가지 단계가 있다.
30대는 이 단계들을 기다릴 시간이 충분하다.

◆

젊은이에게 리스크는 실패하는 것이 아니다.
대박을 놓치는 것이다.

Chapter 3

40대, 머리를 써라

부자의 기술

절제의 기술

● 더 벌고 덜 써서 돈을 손에 쥐어라 ●

40대는 잘 벌고, 잘 쓰고, 자산도 많고, 부채도 많다. **경력과 소득이 정점을 찍는 시기다. 내려올 때를 대비해 소득을 자산으로 바꿔 놓아야 한다.**

　40대는 많은 걸 이루기 좋은 시기이지만 실속 없이 시간만 보낼 수도 있다. 공자(孔子)는 40대에 유혹에 흔들리지 않는 불혹(不惑)의 경지에 도달했다지만 보통 사람들은 너무 혹할 것이 많아 불혹하지 않으면 힘든 시기가 40대다.

무엇보다 더 벌면 더 쓰고 싶어진다. 40대는 생애를 통틀어 소득과 지출이 가장 많다. 사회생활을 활발히 할 때여서 돈도 잘 벌고 자녀들이 크면서 교육비, 원리금 등으로 나가는 돈도 많다. 40대 가구는 30대 가구보다 30% 더 벌고 40% 더 쓴다. 50대 가구는 40대 가구보다 2% 덜 벌고 10% 덜 쓴다.

지출을 억제해서 손에 쥐는 돈을 늘려야 한다. 연봉이 1억 원에서 2억 원으로 오를 때 생활비를 월 500만 원으로 고정하면 잉여 소득은 158만 원에서 630만 원으로 증가한다. 연봉이 3억 원으로 오르면 1,090만 원으로 늘어난다. 소득이 두 배, 세 배 늘어나는 것이 아니라 네 배, 일곱 배 늘어난다고 생각해야 한다.

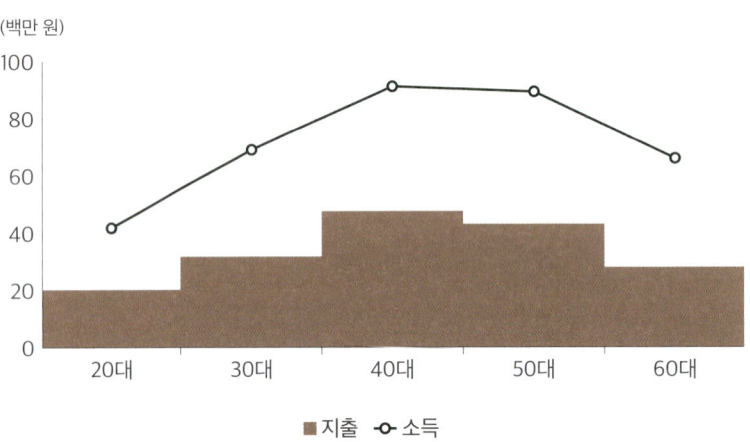

그림 1 • 연령별 소득과 지출

자료: 통계청

그림 2 • 월 지출 500만 원 고정 시 잉여 소득

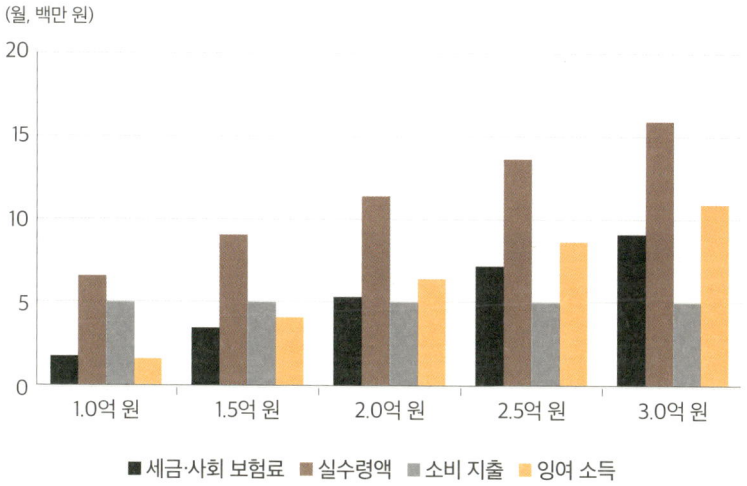

자료: 통계청

가구주의 나이가 만 47세로 같고, 4인 가족인 실제 두 가구를 비교해 봤다. 가구 A의 소득은 2억 1,700만 원, 가구 B의 소득은 2억 2,000만 원으로 비슷했다. 그러나 A의 소비 지출은 6,800만 원, B는 1억 2,700만 원으로 두 배 차이가 났다. 그 결과 잉여 소득은 A가 1억 800만 원, B가 4,000만 원으로, 비슷한 소득에도 불구하고 2.5배나 차이가 났다.

2024년 40대 가구의 평균 소득은 9,100만 원, 평균 소비 지출은 4,200만 원이다. 소비 지출을 소득으로 나눈 소비 성향은 46%였다. 소득이 많아질수록 소비 성향은 떨어진다. 소득 상위 30%의 소비 성향은 37%, 소득 상위 1%는 18%였다. 버는 데엔 한계가 없지만 쓰는 데엔 한계가 있다.

표1 • 소득이 비슷한 40대 두 가구의 잉여 소득 비교

(백만 원)

항목	40대 가구 A	40대 가구 B
총자산	1,801	2,332
금융 자산	111	598
거주 주택	1,600	1,500
원리금 상환액	0	4
총소득	217	223
근로 소득	203	215
소비 지출비	68	127
외식 포함 식료품비	24	24
주거비	4	6
교육비	24	48
의료비	1	2
교통·통신비	5	7
세금, 연금, 사회 보험료	41	56
잉여 소득	108	40

자료 : 통계청

그림 3 • 40대 가구 소득 분위별 소비 성향

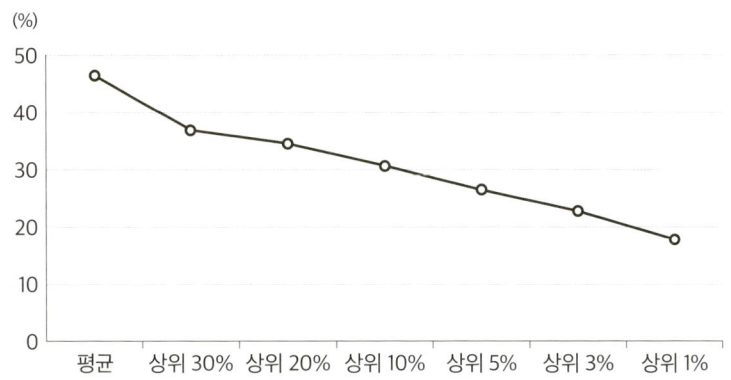

자료: 통계청

그림 4 • 40대 가구 소득 분위별 소득과 소비

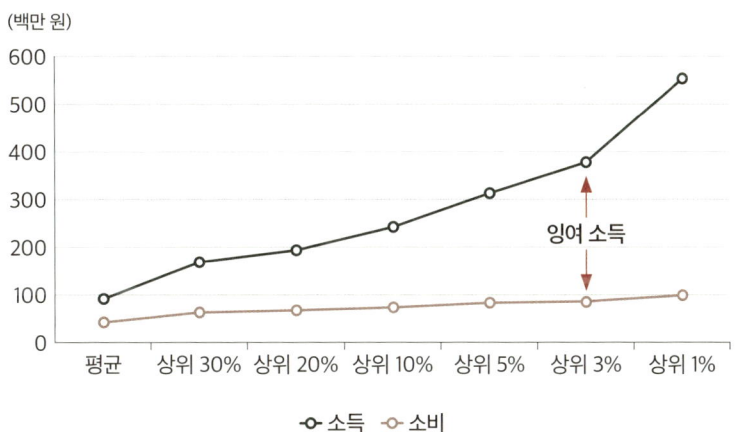

자료: 통계청

그림 5 • 40대 가구 소득 소비 분포

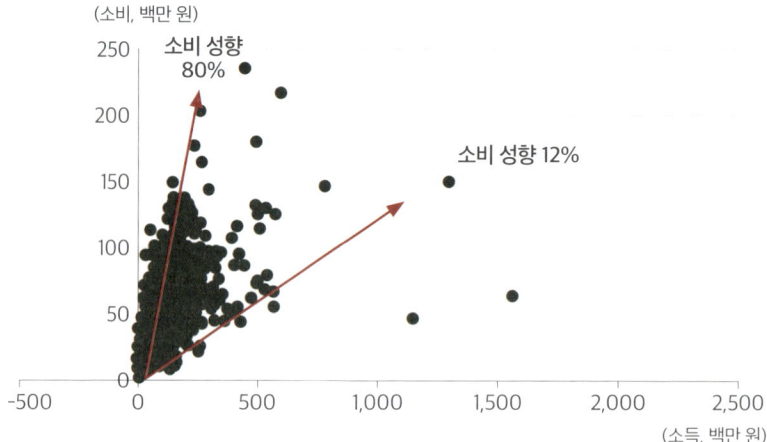

자료: 통계청

소득을 자산으로 바꿔라

● **투자하기 좋은 나이 43세** ●

40대는 투자하기 좋은 시기다. 투자 지능은 민첩하게 행동하는 '유동성 지능'과 상황을 종합적으로 판단해 규칙을 찾아내는 '결정성 지능'으로 구성돼 있다. 유동성 지능은 나이가 들어가면서 점차 하락하지만 결정성 지능은 30, 40대까지 빠르게 상승하고 40대 중반부턴 느리게 상승한다. 그래서 둘의 합이 가장 높은 40대 중반에 투자자는 전성기를 맞는다. 아직 머리는 잘 돌아가고 사이클도 몇 번 봐서 경험이 축적

그림 6 • 유동성 지능과 결정성 지능

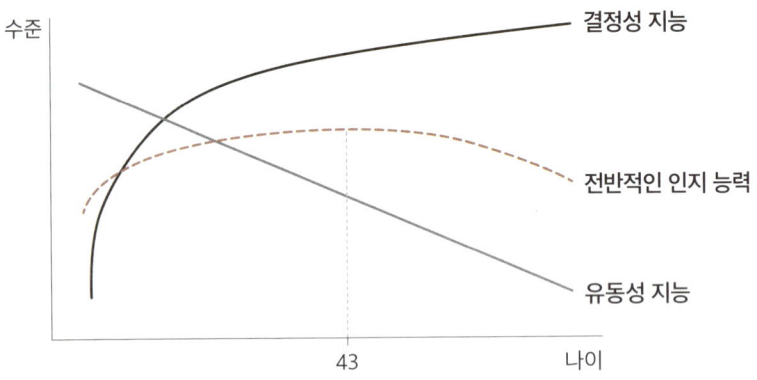

자료: 『마이클 모부신 운과 실력의 성공 방정식』 재인용

된 상태다.

40대는 실패하기엔 늦은 나이다. 30대는 경험한 셈 치고 수업료 낸 셈 친다지만 40대는 실수가 뼈아프고 수업료는 비싸다. 중·소형주 같이 리스크가 큰 투자는 줄여나가고 주식도 성장성은 덜하지만 안정적인 대형주나 주가 지수형 ETF로 바꿔나가야 한다.

40대는 실패를 줄이는 게 핵심이다. 그러기 위해 일곱 가지 명심해야 할 점이 있다. 이 중 하나라도 소홀히 하면 부자라는 목적지까지 먼 길을 돌아가게 된다.

● 첫째, 잉여 소득이 쌓이고 있어야 한다 ●

40대는 아직 투자 포트폴리오에서 주식 같은 위험 자산 비중이 높아야 한다. 그런데 잉여 소득이 적으면 투자 금액이 크게 느껴지고 조심스러워질 수밖에 없다. 시장은 내가 기대한 대로 움직여주지 않는다. 예상치 못한 일이 언제든 벌어지고 그러면 가격 변동성을 감당하기가 어렵다.

반대로 잉여 소득이 충분하면 아주 이상한 데 투자하지 않은 이상 기다릴 여유가 있다. 그러다 가격이 과도하게 하락하면 비중을 늘릴 수도 있다.

'스승님'은 7년 전 다니던 회사가 우리나라에서 철수하는 바람에 잠시 소득이 없었다. 구직 활동을 하면서 좋아하는 부동산을 보러 다녔고 국내에서 가장 비싼 한남동에 있는 아파트를 보러 갔다. 가지고 있는 돈에 대출을 끝까지 받으면 겨우 겨우 살 수 있었다. 문제는 소득이 없다는 점이었다. 유지비만 충당할 수 있었어도 살 마음이 있었지만 교육비도 늘어나는 시기여서 마음을 접었다. 혹시 예상치 못한 위기라도 발생하면 유지할 수 없을 것 같았다. 지금은 다시 소득이 생겼지만, 현재 그 아파트는 네 배가 올랐고, 직장인의 소득으로는 도저히 살 수 없는 가격이 됐다.

대한민국 상위 1%의 자산가를 상대하는 PB들도 매년 현금이 몇

그림 7 • 잉여 소득이 있어야 위험 자산을 살 수 있다

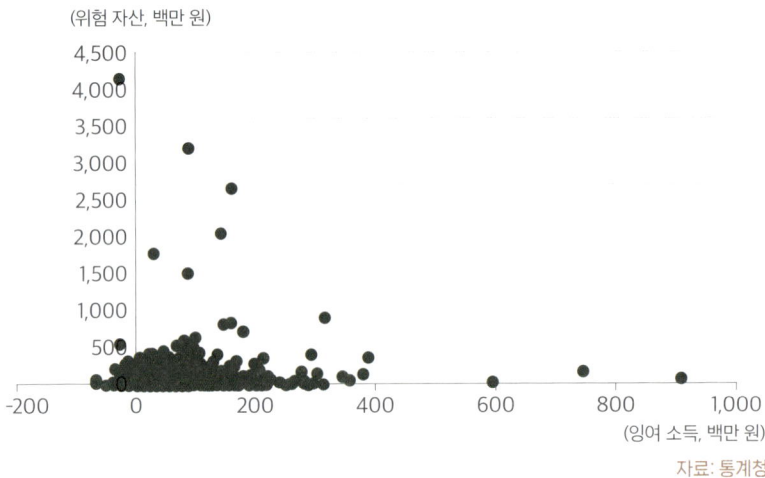

자료: 통계청

억 원씩 생기는 사람은 투자를 공격적으로 할 수 있지만, 그렇지 않은 사람은 자산을 천천히 늘려나가야 한다고 조언한다.

● 둘째, 성공률을 높여야 한다 ●

투자 규모가 커진 상태에서 한두 번만 삐끗하면 계획한 목표로부터 멀어진다. 투자 수익은 [투자 금액] × [기대 수익률] × [성공 확률]이다. 투자 금액은 잉여 소득, 기대 수익률은 위험 자산 비중, 성공 확률은 투자 기간 중 수익률이 플러스인 기간이다.

40대는 투자 금액이 크고 위험 자산 비중이 높기 때문에 성공 확률을 높이는 데 중점을 둬야 한다. 여전히 투자할 기회가 많지만, 30대만큼은 아니므로 대박을 좇기보단 적절한 수익률을 반복해서 올리는 쪽으로 투자 방식을 바꿔 나가야 한다.

[표 2]는 두 투자자의 10년간 수익률을, [그림 8]은 이들의 누적 수익률을 나타낸 것이다. 둘의 평균 수익률은 8%로 같지만 누적 수익률은 A는 116%이고 B는 -35%이다. 원인은 복리에 있다. 번 돈을 재투자하기 때문에 한 해 수익률이 100%이고 다음 해 수익률이 -100%라면 원금이 남은 게 아니라 돈을 다 날린 게 된다. 1억 원을 투자했다고 하면 1년 차엔 2억 원이 되지만 2년 차엔 0원이 된다.

복리의 마법은 돈을 벌 때에만 적용되지 않는다. 돈을 까먹을 때에도 그대로 적용된다. 1년에 5,000만 원씩, 10년간 총 5억 원을 투자했

표 2 • 두 투자자의 연도별 수익률

	1년	2년	3년	4년	5년	6년	7년	8년	9년	10년	산술평균	기하평균
투자자 A의 연 수익률	8.0%	8.0%	8.0%	8.0%	8.0%	8.0%	8.0%	8.0%	8.0%	8.0%	8.0%	8.0%
투자자 B의 연 수익률	50.0%	-40.0%	10.0%	0.0%	50.0%	0.0%	-80.0%	30.0%	30.0%	30.0%	8.0%	-4.2%

자료 : 한화투자증권

그림 8 • 수익률이 일정한 투자자가 더 우월

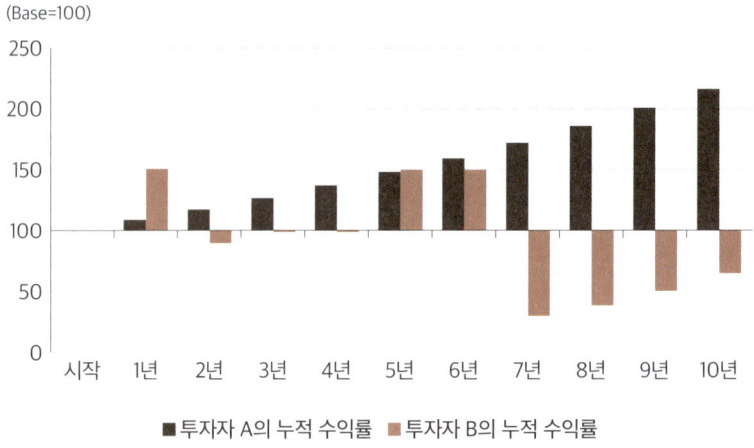

자료: 한화투자증권

다고 가정하자. [그림 9]에서 볼 수 있듯이, 투자자 A는 10년 뒤 7억 2,827만 원을 모으지만 투자자 B는 3억 9,483만 원으로 원금 손실을 본다.

아마도 투자자 B는 "10년 동안 마이너스를 기록한 해가 두 번밖에 없고 수익이 제로였던 해가 두 번 있었다. 가장 많이 벌었던 해에는 50%의 수익률을 올렸고 7년째에 운이 따르지 않아 80% 손해를 봤지만 그다음 3년 연속 30%의 수익률을 올렸다"라고 말할 것이다. 그럼에도 그가 원금의 39%를 까먹었다는 사실은 변하지 않는다.

투자의 최우선 순위는 손실을 내지 않는 것, 그다음은 수익률을 일정

그림 9 • **두 투자자의 누적 손익**

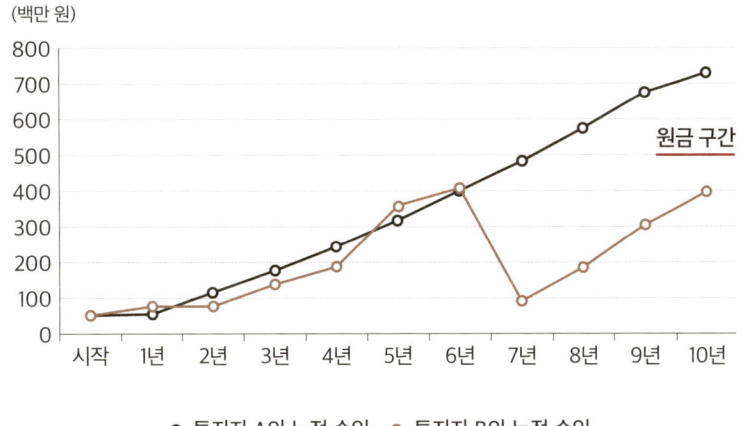

자료: 한화투자증권

하게 유지하는 것이다.

● 셋째, 운과 실력을 구분해야 한다 ●

투자 실력을 향상하는 유일한 방법은 공부다. 필자는 '투자를 잘한다는 것'을 '실력을 쌓고 운을 다스리는 것'이라고 정의하고 싶다.

투자는 다 운이고 실력은 존재하지 않는다고 주장하는 사람들이 있었다. 1970년대~1980년대 유행했던 랜덤 워크 가설(Random Walk

Theory)이 그랬다. 프린스턴 대학교의 경제학과 교수인 버튼 G 맬킬(Burton G. Malkiel)은 다음과 같은 예시를 들었다.

"눈을 가린 원숭이가 신문의 금융 지면을 펼쳐놓고 다트(Dart)를 던진다. 다트가 꽂힌 주식들로 포트폴리오를 구성한다. 교육받고 훈련된 펀드 매니저가 신중하게 주식을 고른다. 선별된 주식들로 포트폴리오를 구성한다. 두 포트폴리오의 수익률은 별 차이가 없을 것이다. 이미 시장에 정보가 반영돼 있기 때문이다."

이 가설은 지금도 금융 시장 전문가들을 조롱할 때 종종 인용된다. 하지만 뒷이야기는 잘 알려져 있지 않다. 정확하게는 전체 이야기이다.

『월스트리트저널(WSJ)』은 랜덤 워크 가설을 검증해보기로 했다. 1988년부터 2002년까지 142회에 걸쳐 실험을 진행했다. 원숭이는 없었고 눈을 가리지도 않았다. 투자 가능한 종목들을 정해놓고 WSJ 사무실 구석에 다트를 던져 선택된 주식들과 펀드 매니저 네 명이 고른 주식들의 수익률을 비교했다.

결과는 [그림 11]과 같았다. 펀드 매니저들의 평균 수익률은 10.2%였다. 다트 던지기의 수익률은 3.5%였다. 이 실험은 ① 투자자의 전문성은 단기간엔 드러나지 않을 수 있지만 긴 시간 투자를 반복하면 실력이 증명되고 ② 잘 교육받고 훈련된 투자자는 장기간 시장을 상회하는 수익률을 올릴 수 있으며 ③ 다우 존스 지수처럼 특정 조건에 부합하는 종목들로 압축하면 더 나은 수익률을 올릴 수 있다는 점을 시사한다.

그림 10 • 원숭이가 눈 가리고 주식을 고르면

그림 11 • 펀드 매니저보다 못한다

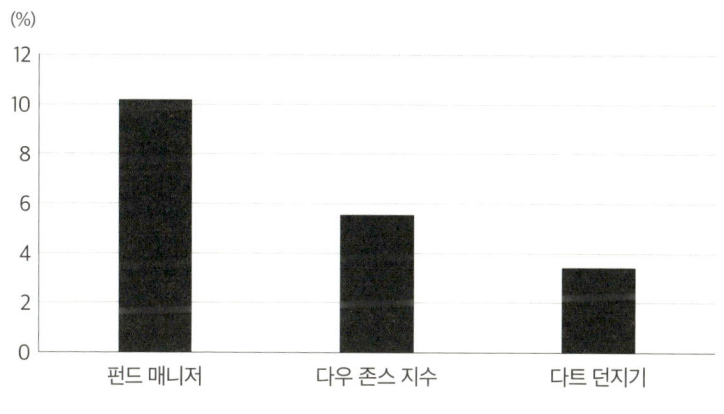

■ 동일 기간 평균 수익률

자료: 한화투자증권

투자의 세계는 실력과 운의 작용으로 움직인다. 운칠기삼(運七氣三)이라는 말이 딱 들어맞는다. [그림 12]는 마이클 모부신(Michael J. Mauboussin) 컬럼비아 대학 교수의 저서 『마이클 모부신 운과 실력의 성공 방정식』에서 가져온 것이다. 왼쪽일수록 운의 비중이 높고 오른쪽일수록 실력의 비중이 높은 게임이다. 투자는 실력보다 운의 비중이 높다.

어떤 게임이 실력의 비중이 높은지, 운의 비중이 높은지 알고 싶으면 승률(전체 경기에서 이긴 경기의 비율)의 분포를 보면 된다. 운의 비중이 높을수록 1등과 꼴등의 차이가 크지 않다.

그림 12 • 실력과 운이 게임에 미치는 영향

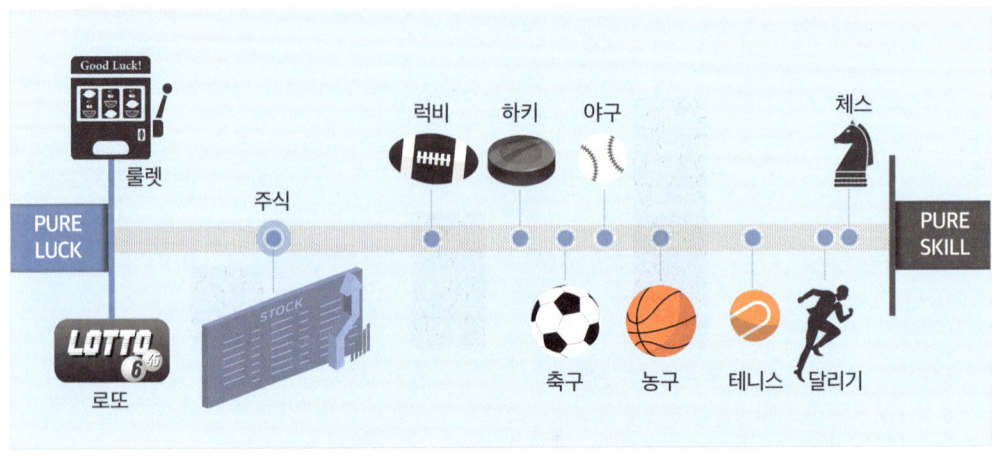

자료: 한화투자증권

● 실력이 잘 발휘되는 조건을 만들어라 ●

[그림 13]은 테니스와 메이저리그 야구의 승률 분포다. 야구가 테니스보다 승률의 차이가 작다. 야구가 운에 더 좌우된다는 의미이다.

그럼에도 불구하고 메이저리그 30개 야구 팀들은 거의 대부분 홈경기 승률이 원정 경기 승률보다 높았다. 각 팀들이 홈 경기에 유리하게 팀을 구성하기 때문이다. 야구는 경기의 절반을 홈에서 치르기 때문에 홈 구장 특성에 맞게 선수들을 뽑으면 승리 확률을 높일 수 있다.

LA 다저스(Los Angeles Dodgers)의 홈 구장은 파울 존이 넓어서 좋은

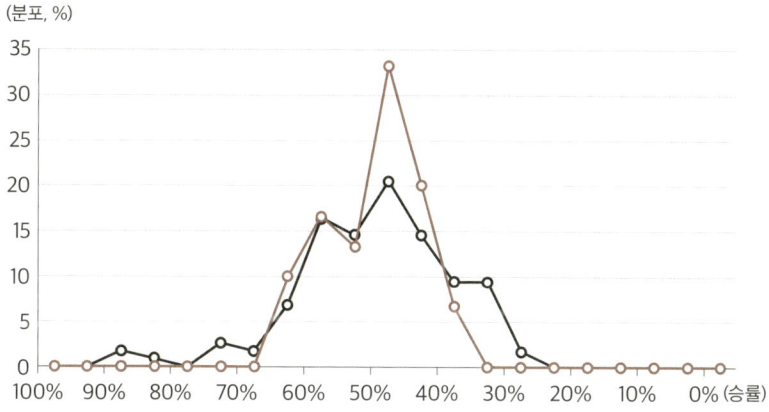

그림 13 ● 승률 분포, 야구가 테니스보다 50%에 몰려 있어

● 주: 테니스는 2019년 승률 분포, 야구는 2017년 승률 분포   자료: 한화투자증권

그림 14 • LA 다저스, 뉴욕 양키스 연봉 비교

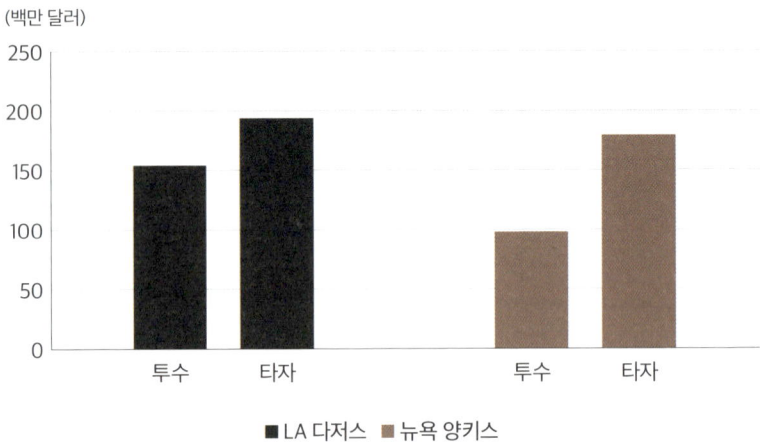

자료: 한화투자증권

투수를 보유하는 게 유리하다. 반면 뉴욕 양키스(New York Yankees) 홈 구장은 홈부터 좌우 펜스까지의 거리가 LA 다저스 홈 구장보다 1.5미터나 짧아서 홈런 타자를 보유하는 게 점수를 내는 데 유리하다. 그래서 LA 다저스는 투수 쪽에, 뉴욕 양키스는 타자 쪽에 연봉을 더 배분한다.

테니스도 실력이 더 잘 발휘되는 조건을 만나면 승률이 높아진다. 지금은 은퇴한 테니스 선수인 '흙신' 라파엘 나달(Rafael Nadal)은 톱스핀을 건 포핸드를 주무기로 사용했다. 톱스핀을 강하게 먹은 테니스 공은 딱딱한 바닥에서 속도가 빨라지고 바운드도 커서 상대가 받아치

그림 15 • 메이저리그 야구팀들, 홈 경기 승률이 높다

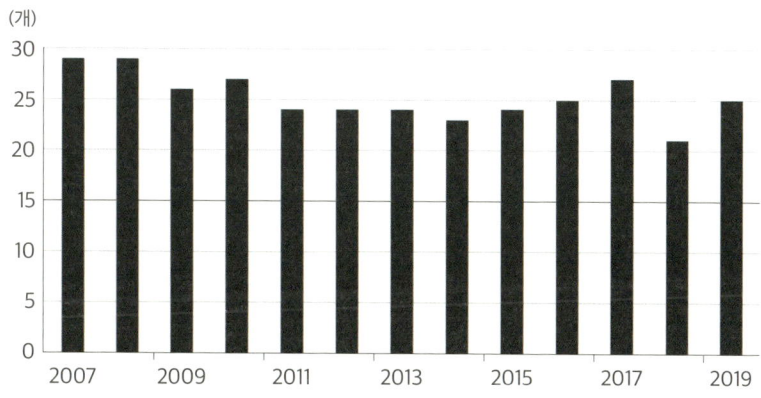

■ MLB 홈 경기 승률이 원정 경기 승률보다 높은 팀 수

자료: 한화투자증권

그림 16 • 나달, 클레이 코트에서 승률이 높다

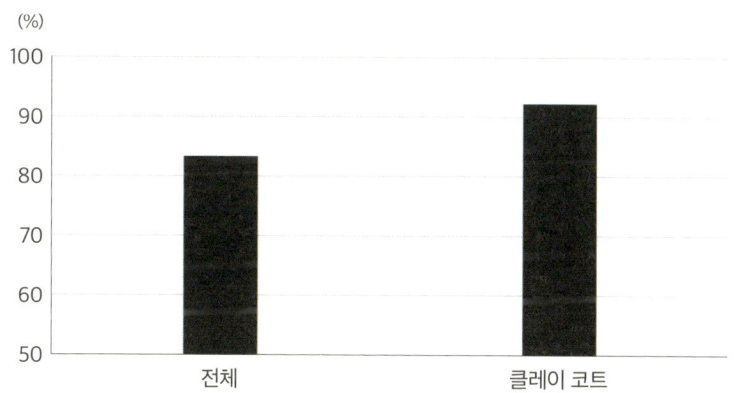

■ 라파엘 나달 통산 승률

자료: 한화투자증권

기 어렵다. 그래서 나달은 공이 잘 튀는 클레이 코트(흙바닥)에서 승률이 높다. 나달의 전체 승률은 80%대였지만 클레이 코트에선 90%를 넘었다. LA 다저스에게 넓은 파울 존, 뉴욕 양키즈에게 짧은 좌우측 펜스, 나달에게 클레이 코트는 실력이 더 잘 발휘되는 조건이다.

투자는 야구보다도 운의 비중이 높지만 환경을 유리하게 조절하면 승률을 높일 수 있다.

부동산으로 돈 번 사람은 1,000억 원이 있어도 주식을 잘 안 한다. 반대로 주식으로 돈을 번 사람은 왜 이렇게 허름한 곳에서 사는지 모를 정도로 부동산에 관심이 없다.

필자의 약사 친구는 다른 분야의 투자에 대해선 지나치다 싶을 정도로 보수적이지만 주식은 바이오 업종에만 투자한다. 일반인들에게 바이오는 전문 지식, 친숙하지 않은 용어들로 인해 난도가 높지만 그에겐 익숙해서 진입 장벽이 낮기 때문이다.

투자는 익숙한 곳에서 승부를 봐야 한다. 남들이 아무리 좋은 주식, 부동산이라고 얘기해도 모르는 것에 투자해선 안 된다. 잘 모르기 때문에 언제 사고 팔아야 할지 감이 없고, 조금만 생각과 다르게 움직여도 무서워서 팔게 된다.

● 넷째, 확률적 사고를 해라 ●

확률적 사고는 투자에 감정이 개입하는 걸 막아준다. 가장 유명한 예시는 행동경제학자 대니얼 카너먼(Daniel Kahnema)의 캔자스주에 사는 스티브에 대한 이야기이다.

"캔자스주에 사는 스티브는 수줍음이 많고 남을 잘 도와주는 사람이지만 타인에게는 별로 관심이 없다. 그는 물건이 제자리에 정리돼 있는 걸 좋아하고 자신의 일에 매우 꼼꼼하다. 스티브의 직업은 사서일까? 농부일까?"

직관적으로 스티브는 사서일 가능성이 커 보인다. 하지만 확률적으로 캔자스주의 남자 농부와 남자 사서의 인구 비율은 20:1이므로 스티브는 농부일 가능성이 더 높다. 여기서 캔자스주의 농부와 사서의 비율이 사전 확률이다.

사전 확률은 어떤 사건이 일어나기 전에 기존의 정보나 믿음을 바탕으로 추정한 확률이다. 새로운 관찰이나 증거가 주어지기 전에 우리가 가지고 있는 초기 가설이나 믿음에 대한 확률이라고 할 수 있다. 앞서 살펴본 예시에서는 실력이 잘 발휘되는 조건을 숫자로 표시한 것이 사전 확률이다.

확률적으로 사고하는 방법을 훈련해두지 않으면 판단에 감정이 개입할 틈이 생기고, 적정한 투자 규모를 가늠하기 어려워진다. 확률적 사고를 하지 않는다는 건 돈을 길바닥에 버리는 것과 같다. 가장 흔한 사례로 기분 좋은 꿈을 꾸고 복권을 사는 것을 들 수 있다.

로또 복권의 당첨 확률은 다음 표와 같다. 1만 원어치 로또를 샀을 때 총기댓값은 5,000원이다. 사는 순간 절반을 버리고 시작하는 게임이다. 기댓값은 당첨 확률에 상금을 곱한 것으로, 등수별 기댓값은 1등 2,371원, 2등 395원, 3등 395원, 4등 699원, 5등 1,138원으로 이를 다 더하면 정확히 5,000원이 된다.

자신이 확률적 사고를 하는지 쉽게 체크하는 방법이 있다. 두 장의 로또 복권이 있다고 하자. 번호는 각각 1, 2, 3, 4, 5, 6과 9, 12, 15, 25, 36, 40이다. 당첨될 확률이 어느 쪽이 더 높아 보이는가. 정답은 '같다'이다. 하지만 어떤 사람들은 로또 1등 당첨 번호가 연달아 나온 적이 없다는 이유로 후자의 확률이 더 높다고 생각한다. 연달아 나온 적이 없다는 직관이다. 1/8,145,060이 확률이다.

표 3 • 로또 복권의 당첨 확률

1등	1/8,145,060
2등	1/1,357,710
3등	1/35,724
4등	1/733
5등	1/45

● 주주 가치, 주식 투자의 사전 확률 ●

투자의 사전 확률을 높일 수 있는 방법이 있다. 내 몫을 기준으로 생각하는 것이다. 개인 투자자들은 주식에 투자할 때 내 몫을 계산하지 않는 경향이 있다. 하지만 누가 많이 가지고 있는지를 보는 건 중요하다. 대주주, 금융 기관, 개인 주주들의 분포를 살펴봐라.

우리나라 금융 시장도 점점 선진화되면서 경영진이 주주들의 이익에 반하는 행동을 하지 못하는 방향으로 나아가고 있다. 회사가 개인 주주들의 이익을 잘 반영해왔는지, 개인 주주들의 이익이 잘 반영될 수 있는 주주 구성인지 확인해야 한다.

주가는 PER(주가를 주당 순이익으로 나눈 값)과 EPS(순이익을 주식 수로 나눈 값)로 분해할 수 있다. 즉, 주가는 PER, 이익, 주식 수로 이뤄져 있는 셈이다. PER은 시장 상황, 순이익은 기업 현황을 반영한다. 이들을 예측하긴 어렵다. 하지만 주식 수는 예측하기 쉽다. 회사에서 미리 알려주기도 하고 회사의 재무 상태를 보면 힌트를 찾을 수 있다.

회사가 돈을 잘 벌어서 현금이 쌓이면 자사주를 매입하고 소각한다. 그러면 전체 주식 수는 감소하고 내가 보유한 주식의 비율은 상승한다. 반대로 회사가 돈을 못 벌어서 현금이 줄어들면 회사는 자금을 조달하기 위해 증자를 한다. 그러면 전체 주식 수는 증가하고 내가 보유한 주식의 비율은 하락한다.

지분율, 즉 주식 수는 훌륭한 사전 확률이다. 이를 주식 시장으로 확대 적용할 수 있다.

2001년 말 이후 코스피(KOSPI) 지수가 239% 오르는 동안 시가 총액은 621% 증가했다. 시가 총액 증가율이 지수 상승률보다 높은 이유는 신규 상장, 유상 증자, 이전 상장, 전환 증권 상장 등으로 주식 수가 늘었기 때문이다.

코스닥(KOSDAQ) 지수는 같은 기간 시가 총액이 559% 늘었으나 지수는 오히려 4% 내렸다. 중국 CSI300 지수는 2005년 이후 지수가 307% 오르는 동안 시가 총액은 1,953% 증가했고, 베트남 VN 지수는 2006년 이후 지수가 318% 오를 때 시가 총액은 33,000% 늘었다.

반대로 다우 존스(Dow Jones) 지수는 2001년 이후 지수가 341% 상승할 동안 시가 총액은 470% 증가하는 데 그쳤다. 자사주 매입 소각을 하는 회사들이 많아서다. 신규 상장이 많은 나스닥(NASDAQ) 지수도 875% 오르는 동안 시가 총액은 903% 늘었을 뿐이다. 미국 시장은 다른 시장과 달리 주가 지수 상승률에 비해 시가 총액 증가율이 낮은 편이다.

주식 수가 과도하게 늘어나서 기존 주주들의 몫을 희석하는 시장과 주식을 거르는 것만으로도 투자의 사전 확률을 높일 수 있다.

그림 17 • 코스피 지수와 시총

— 코스피 주가 지수   — 코스피 시가 총액

자료: 한화투자증권

그림 18 • 코스닥 지수와 시총

— 코스닥 주가 지수   — 코스닥 시가 총액

자료: 한화투자증권

그림 19 • 중국 CSI300 지수와 시총

— 중국 CSI300 주가 지수 — 중국 CSI300 시가 총액

자료: 한화투자증권

그림 20 • 베트남 VN 지수와 시총

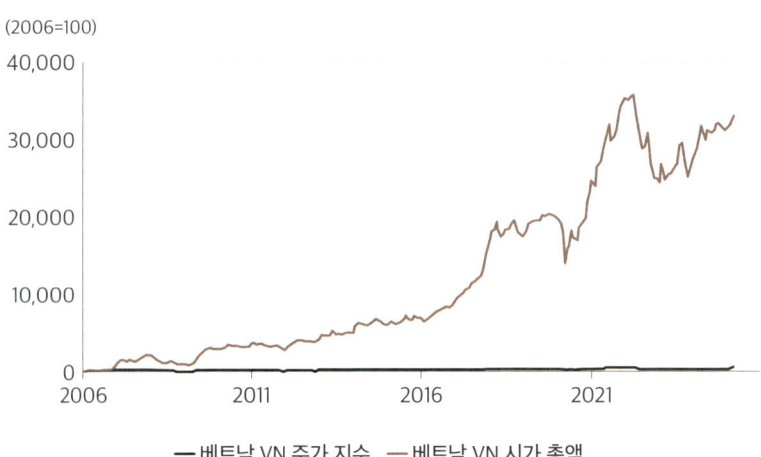

— 베트남 VN 주가 지수 — 베트남 VN 시가 총액

자료: 한화투자증권

그림 21 • 다우 존스 지수와 시총

자료: 한화투자증권

그림 22 • 나스닥 지수와 시총

자료: 한화투자증권

● 다섯째, 비싸고 나쁜 주식을 피해라 ●

이 세상의 모든 주식을 네 종류로 나눌 수 있다. ① 싸고 좋은 주식, ② 비싸고 좋은 주식, ③ 싸고 나쁜 주식, ④ 비싸고 나쁜 주식이다.

이 기준은 주식을 분류할 때에도 유용하지만, 다른 자산에도 적용할 수 있어서 알고 있으면 도움이 된다.

싸고 좋은 주식은 잘 없다. 투자자들이 찾는 데 혈안이 돼 있어서 발견되면 금세 가격이 올라 버린다. 원래도 잘 없는데, 정보의 유통 속도까지 빨라져서 더 금방 사라진다. 그러면 비싸고 좋은 주식이 된다.

비싸고 좋은 주식은 많다. 이익이 성장할 것으로 기대돼 성장주로 불린다. 대신 비싸다. 성장성이 약해지면 비싸고 나쁜 주식이 된다.

싸고 나쁜 주식도 많다. 싼 건 이유가 있다는 이야기를 듣는 주식들로, 보통 가치주로 분류된다. 경기가 좋아지거나 제품이나 서비스가 예전에 없던 쓰임이 생기면 싸고 좋은 주식이 된다.

비싸고 나쁜 주식은 싸고 좋은 주식이 없는 것처럼 적어야 하지만 실제로는 많다. 군중들은 주가가 비싸져도 성장할 것이라고 믿는다. 2000년 닷컴버블 당시 코스닥 지수가 2,834p까지 오른 것과 2023년 배터리 주식들로 투자자들이 몰린 것이 좋은 예다. 비싸고 나쁜 주식을 피하기만 해도 투자의 성공 확률을 극적으로 개선할 수 있다.

비싸고 나쁜 주식은 비싸고 좋은 주식에 기생한다. 이 둘은 같은 업종, 테마에 있을 확률이 높다. 2023년 사람들이 배터리 주식에 열광할 때 LG에너지솔루션은 비싸고 좋은 주식이었다. 2023년 초 LG에너지솔루션의 PER은 60배로 높았지만 회사는 2023년 경영 계획에서 매출을 25~30% 확대하고 투자를 50% 이상 늘릴 것이라고 밝혔다. 그쯤 2022년 실적이 공개됐는데 매출은 43%, 영업 이익은 58% 늘었다. 믿을 만한 근거가 확보됐다. 실제로 2023년 LG에너지솔루션의 매출은 32% 증가했다.

그림 23 • **주식의 네 가지 분류**

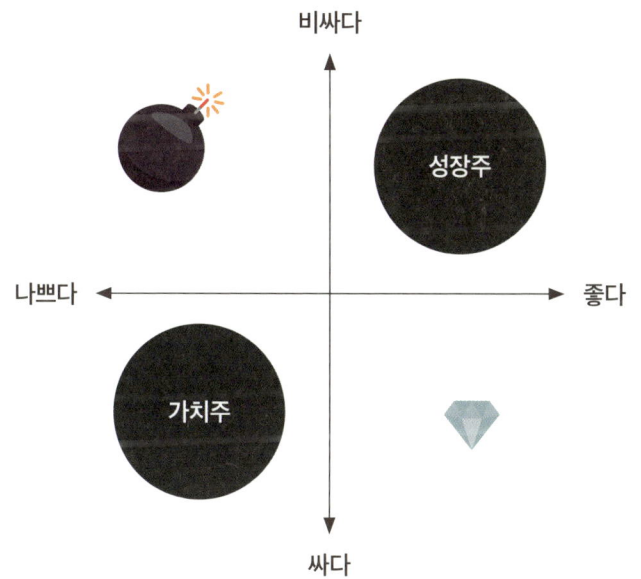

자료: 한화투자증권

금양은 배터리 붐을 타고 2022년 말부터 주가가 올랐다. 원래는 발포제를 만들던 회사였는데, 신사업으로 배터리 첨가제 사업을 준비하고 있었고 회사는 증가하는 수요에 대응한다며 투자 계획을 발표했다. 주가는 2023년 초 2만 원 선에서 다섯 달 만에 두 배 넘게 올랐고 회사는 자기 주식을 처분했다. 결국 금양은 매출로 실적을 증명하지 못했다. 2023년과 2024년 매출은 2022년 매출보다 적었고, 2025년 4월 기준 감사인으로부터 '의견 거절' 의견을 받아 상장 폐지 사유가 발생한 상태다.

시장에서 형성된 테마를 신사업으로 추진한다고 발표하는 회사는 의심의 눈으로 봐야 한다. 몇 년을 준비해도 성공 확률이 낮은 게 신사업인데, 어느 날 갑자기 시작해서 성공하는 건 불가능에 가깝다.

● 여섯째, 가치주에서 성장주로 바뀌는 주식을 사라 ●

가치주와 성장주는 보통 PBR과 이익 증가율의 높고 낮음으로 구분한다. PBR과 이익 증가율이 낮으면 가치주, 높으면 성장주다. 한국 주식시장에서 가장 수익률이 높은 투자는 가치주에서 성장주로 바뀌는 주식을 골라 사는 것이다. 연 27%의 수익률을 올릴 수 있다. 반대로 성장주가 가치주로 바뀔 때 수익률은 -11%였고, 성장주 상태를 유지할 때는 13%, 가치주 상태를 유지할 때는 -7%였다.

2020년 이후 가치주에서 성장주로 바뀐 대표적인 주식이 전력기

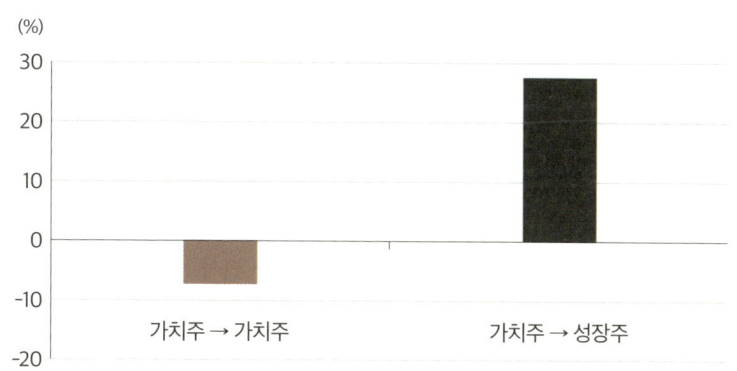

그림 24 • 가치주에서 성장주로 전환되는 주식, 수익률 높아

자료: 한화투자증권

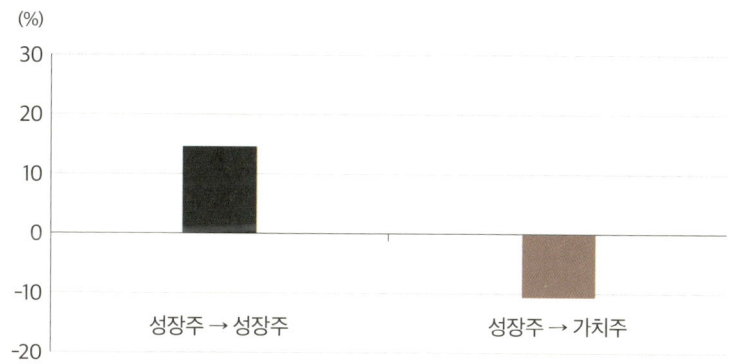

그림 25 • 성장주에서 가치주로 전환되는 주식, 수익률 저조

자료: 한화투자증권

기 기업인 HD현대일렉트릭이다. 오랜 기간 전력 투자 수요가 늘지 않아 투자자들의 관심 밖에 있었다. 그런데 AI 시대가 도래하면서 미국에서 데이터 센터들이 지어지기 시작했고 변압기 수요가 급증했다. 전력기기 주식들은 2024년 최고의 성장주 중 하나였다.

기관 투자자로 상위 1%의 성과를 거둔 후 개인 투자자로 전향한 필자의 친구는 매일 아침 국내에 상장된 모든 종목의 20일 이격도를 본다. 20일 이격도로 극단적으로 저평가된 주식들을 찾아낸 다음 그중에서 좋은 주식이 있는지 공부한다.

그는 2020년 1월 인도에 있었다. 호스텔 비용을 5만 원에서 4만 원으로 깎는 와중에 HD현대일렉트릭 주식이 기다렸던 가격인 1만 원 근처까지 떨어지는 걸 확인하고 바로 매수했다. 당시 매출액 대비 시가 총액이 20%밖에 안 됐고 회사가 사업을 구조 조정했다는 뉴스도 확인한 뒤였다. 이런 주식은 떨어지기보단 오를 확률이 훨씬 더 높다고 판단했다.

두 달 뒤 코로나가 터지면서 주가는 4,800원까지 하락했다. 그래도 싸게 샀으니 버텼고 반등할 때 주식을 더 샀다. 이후 7만 원 언저리에 주식을 다 정리했다. 그 뒤 HD현대일렉트릭은 45만 원까지 오르기도 했는데, 그는 아깝지 않다고 했다. "이렇게 잘 될 줄 알았나"라고 한마디 했을 뿐이다. 그는 가치 투자자로서 최고의 수익률을 올렸다. 만약 성장주인 상태에서 더 기다렸다면 여섯 배를 더 벌 수 있었고, 수익률은 60배까지 높아졌을 것이다.

가치 투자의 대가 워런 버핏은 주식을 더 깐깐하게 분류한다. 버핏은 2007년 주주 서한에서 기업은 위대한 기업, 좋은 기업, 끔찍한 기업이 있다고 설명했다. 위대한 기업은 추가로 투자하지 않아도 높은 이익률을 지켜낸다. 오래 보유한 씨즈 캔디(See's Candies)를 그런 회사의 예로 들었다. 씨즈 캔디가 버는 돈은 족족 주주의 몫으로 귀속된다. 좋은 기업은 준수한 이익을 돌려주지만 이익의 상당 부분을 재투자해야 한다. 번 돈이 전부 주주의 몫으로 귀결되진 않는다. 끔찍한 기업은 빠르게 성장하지만 그러기 위해선 상당한 자본을 투자해줘야 한다. 회사가 주주들에게 돈을 돌려주는 것이 아니라 주주로부터 돈을 가져간다. **회사의 이익이 투자자에게 귀속되는지, 회사 성장에 재투자되는지, 오히려 투자자로부터 돈을 가져가는지만 따져봐도 좋은 주식을 고를 수 있다.**

● 일곱째, 투자의 듀레이션을 인지해라 ●

어떤 자산에 **투자할 때 내가 투자한 돈이 얼마 만에 내 수중의 돈으로 회수되는지를 계산해봐야 한다.** 그 기간이 짧으면 짧을수록 좋은 투자다. 배당 수익률이 같아도 배당이 증가하는 주식은 배당이 감소하는 주식보다 더 빨리 돈을 돌려줄 것이다. 동일한 배당금을 줘도 분기 배당을 하면 5월, 8월, 11월, 다음 해 4월에 배당금을 받으므로 연간 배당보다 투자금이 더 빠르게 회수된다. 게다가 현금이 분기마다 생기면 다른 자산에 재투자할 수 있어서 수익률을 더 높일 수도 있다.

자녀 교육의 기술

● 교육은 최고의 상속 ●

'교육은 최고의 상속'이라는 말이 있다. 자녀에게 돈으로 물려주면 세금을 내지만 교육을 시키면 내지 않는다.

40대의 가장 큰 지출은 교육비다. 식료품비, 주거비, 의료비, 교통·통신비는 30대나 40대나 50대나 지출 비중이 비슷하다. 교육비만 30대에 2.8%에서 40대에 8.5%로 쑥 올라가고, 50대엔 5.0%로 다시 내려간다.

그림 26 • 40대, 교육비 지출 급증

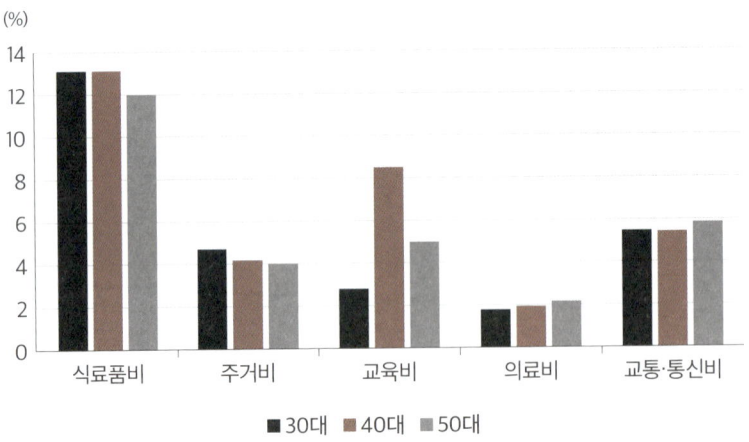

자료: 통계청

소득이 증가하면 가장 탄력적으로 늘어나는 것도 교육비다. 2024년 40대 소득 상위 50% 가구는 일 년에 교육비로 955만 원을 지출했다. 상위 10%는 1,675만 원, 상위 5%는 2,020만 원, 상위 1%는 2,556만 원을 썼다.

소득 상위 1% 가구의 평균 소득이 4억 8,000만 원이므로, 4억 8,000만 원을 못 버는데 한 달에 교육비를 200만 원 이상 쓰고 있으면 많이 쓰는 것이다.

부모로서 교육비를 아끼는 건 마음에 걸리는 일이다. 하지만 노후를 희생하면서까지 교육비를 써야 하는지는 고민해볼 일이다. 이에 대한 답은 자녀가 알고 있다. 책을 잠시 내려놓고 자녀에게 물어보라.

그림 27 • 40대, 소득이 많을수록 교육비를 많이 쓴다

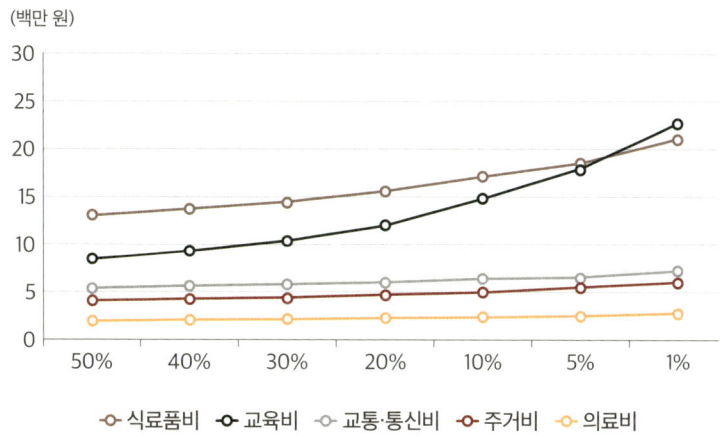

자료: 통계청

"너한테 올인하고 나중에 손 벌리는 게 낫니. 아니면 올인하지 않고 손 안 벌리는 게 낫니?"

질문이 끝나기도 전에 후자라고 대답할 것이다.

사람은 자신에게 쓰는 돈, 부모님에게 쓰는 돈, 자녀에게 쓰는 돈 중에 자녀 〉 부모님 〉 자신 순으로 덜 아깝다고 느낀다. 유전적으로 그렇게 프로그래밍돼 있다. 다음 중 자녀에게 무엇이 좋을지 생각해보라. 내가 40대인 지금 자녀에게 돈을 더 쓰는 것과 자녀가 40대가 됐을 때 나에게 돈을 덜 쓰게 하는 것. 자녀는 그 자신이나 부모인 나보다 그의 자녀를 먼저 생각할 것이다. 지금 돈을 쓰는 것과 나중에 돈을 아껴주는 것 중에 무엇이 더 나은 선택인가.

조언 그룹을 둬라

● 가장 가까운 다섯 명이 나다 ●

투자의 완성도를 높여주는 건 조언 그룹이다. 결정은 자신이 내리더라도 생각을 검증해줄 수 있는 사람들이 있으면 실수를 줄일 수 있고 투자의 완성도를 높일 수 있다. 멀리서 찾지 않아도 된다. 40대면 일을 한 지 10년이 넘어서 또래들도 각자의 분야에서 전문가가 돼 있다.

단, 조언 그룹은 나보다 똑똑한 사람들로 구성해야 한다. 그리고 내가 그들에게 가치 있는 조언을 들으려면 나도 그들에게 가치 있는 조언을 해줄 수 있어야 한다. 나도 누군가에게 조언 그룹이 되는 것이다.

미국의 클라우드 기업 드롭박스(Dropbox)의 CEO 드루 휴스턴(Drew Houston)은 2013년 MIT 졸업 연설에서 "당신은 당신이 가장 많은 시간을 보내는 다섯 사람의 평균입니다. 당신의 다섯 명 서클에는 누가 있을까요?"라고 물었다. 이어서 휴스턴은 다음과 같이 조언했다.

"제가 배운 한 가지는 영감을 주는 사람들과 어울리는 것이 재능을 타고나거나 열심히 일하는 것만큼 중요하다는 것입니다. 당신의 서클은 애덤(공동 창업자)이 나를 밀어붙인 것처럼 당신을 더 나아지도록 밀어붙일 겁니다. 그리고 당신의 직장 동료와 주변의 모든 사람들을 성장시킬 것입니다. 당신이 있는 곳은 중요합니다. 내 영웅들을 만나 그들에게서 배우는 것은 나에게 큰 이점이 됐습니다. 당신의 영웅들도 당신의 서클의 일부입니다. 그들을 따르세요. 실제 움직임이 다른 곳에서 일어나고 있다면 그곳으로 가세요."

이 졸업 연설은 조언 그룹이 무엇이고, 왜 필요하고, 얼마나 중요한지를 생각하게 한다. 자신이 가장 많은 시간을 보내는 다섯 명을 생각해보라. 그들은 나를, 나는 그들을 더 나은 사람으로 만들고 있는가. 나보다 더 나은 사람들을 만나는 건 성장하기 위해 해야 할 첫 번째 일이다.

'뱀의 머리가 될 것인가? 용의 꼬리가 될 것인가?'는 가치관을 묻는 오래된 질문이다. 용의 뭐라도 돼야 한다. 당장은 조직에서 주목받지 못하더라도 **나보다 더 나은 사람들이 있는 곳으로 가야 성장할 수 있다.**

● 조언 그룹을 만들어라 ●

조언 그룹은 나와 다른 직업을 가진 사람들로 구성하는 게 좋다. 그룹은 비슷한 사람들 사이에서 자연스레 만들어진다. 술자리에선 술 모임이 만들어지고, 서점에선 독서 모임이 만들어진다. 투자를 위한 조언 그룹을 만들고 싶으면 투자에 관심 있는 사람들이 있는 곳에 가야 한다.

인터넷을 조금만 검색하면 투자 모임을 쉽게 찾을 수 있다. 그중에서도 강도 높은 모임에 들어가라. 일주일에 한 번씩 발표하고 투자 아이디어를 비평하는 모임들이 있다. 내가 아는 걸 자랑하지 말고 질문하고, 귀 기울여 들어라. 그들을 나의 조언 그룹으로 만들어야 한다. 돈 받고 회원 모집하는 리딩방은 거들떠보지도 말아라. 그럴 시간에 증권사 리서치 자료를 읽고 자산관리센터를 찾아가 PB들과 얘기를 나눠보는 게 훨씬 더 도움이 된다.

모임에 꾸준히 참여하면 그 안에서도 더 작고 결속이 단단한 소규모 그룹(Inner Circle)이 만들어진다. 중요한 투자 조언은 이 소규모 그룹에서 이뤄진다. 아주 친한 두세 명이 있어야 한다. 누구도 10명이 넘는 그룹에서는 중요한 의사 결정을 조언하지 않는다.

모르는 사람을 만나고 교류하는 걸 힘들어하는 사람도 있다. 그들에겐 좋은 책을 읽는 걸 추천한다. 필자에겐 네 권의 투자 조언서가 있다.

칼 포퍼(Sir Karl Raimund Popper)의 『열린 사회와 그 적들』을 읽고 내가 맞다고 생각하는 사실들을 끊임없이 검증해야 한다는 걸 배웠다. 제레드 다이아몬드(Jared Mason Diamond)의 『나와 세계』를 통해 한 나라의 성공과 실패를 가르는 요인들이 무엇인지를 생각하게 됐고, 리아콰트 아메드(Liaquat Ahamed)의 『금융의 제왕』은 중앙은행이 투자에 막대한 영향을 끼치고 있다는 사실을 알려줬다. 피터 틸(Peter Thiel)의 『제로 투 원』을 읽고 기업들의 돈 버는 구조를 이해하게 됐다.

내 주변에 좋은 사람이 있는 것이 부의 50% 이상을 결정하는 건 예나 지금이나 마찬가지다. 1980년대에 '빨간 바지 아줌마(故 전두환의 부인 이순자)'라고 있었다. 좋은 사람이라는 뜻이 아니라 그 사람을 알아야 잠실에 땅을 살 수 있었다고 한다. 한때는 한남더힐, 성수동 트리마제도 미분양이었다. 좋은 정보를 가진 이를 친구로 둔 사람들만 살던 집을 정리하고 들어올 수 있었다. 실제로 트리마제가 미분양이었을 때 집을 계약하러 간 필자의 친구는 원룸 오피스텔을 1억 원에 10개씩 계약하는 사람들을 봤다. 그들은 전화기 너머 친구들에게 너도 빨리 와서 계약하라고 얘기하고 있었다.

40대는 투자하기 좋은 시기다.
지출을 억제해서 손에 쥐는 돈을 늘려야 한다.

◆

투자는 익숙한 곳에서 승부를 봐야 한다.
내가 모르는 것에 투자해선 안 되고 실패를 줄이는 게 핵심이다.

◆

완성도를 높여주는 건 조언 그룹이다.
나보다 더 나은 사람들이 있는 곳으로 가야 성장할 수 있다.

Chapter 4

50대, 시간을 써라

부자의 기술

커리어의 기술

● 작은 우위를 만들어라 ●

50대는 20, 30, 40대의 성적표다. 어떻게 살아왔느냐에 따라 차이가 난다. 50대 가구 평균 순자산은 5억 3,000만 원으로 30대의 2억 3,000만 원, 40대의 4억 5,000만 원보다 많다. 소득 상위 1% 가구는 5억 2,000만 원을 벌어, 40대의 5억 7,000만 원보다 적지만, 순자산 상위 1% 가구의 순자산은 56억 원으로 40대의 41억 원보다 15억 원 많다. 그래서 **50대엔 소득보다 자산이, 쌓는 것보다 지키는 것이 더 중요**

하다. 유·무형의 자산들이 축적돼 있기 때문이다.

50대엔 1~2%의 의미가 30대, 40대와 다르다. 직장에서 직급을 한 단계 높이고, 회사를 1년 더 다니고, 투자 수익률을 1% 올리고, 연금 수령을 1년 미루는 건 부자에 다가가는 큰 걸음이다. 50대는 이미 위치가 높다. 그래서 작은 우위가 큰 차이를 만든다.

● 소득을 지켜라 ●

최우선으로 지켜야 하는 건 소득, 즉 직업이다. 한국인은 평균적으로 남자 29.4세, 여자 27.6세에 취업해서 각각 51.5세, 49.3세에 퇴직한다. 직장은 더 다니고 싶어도, 다니기 싫어도 20년 정도 다니면 그만두게 돼 있다.

퇴직은 50대를 지나며 순차적으로 이루어진다. 퇴직한 사람들은 자영업자나 임시직이 된다.

정규직 비율은 40대 68%, 50대 54%, 60대 24%로 낮아진다. 반대로 자영업자 비율은 40대 19%, 50대 24%, 60대 27%로 높아진다. 50대의 일용직 비율은 7%, 무직자는 9%다. 50대 가장의 절반은 퇴직한 상태다.

그림 1 • 연령별 정규직과 자영업자 비율

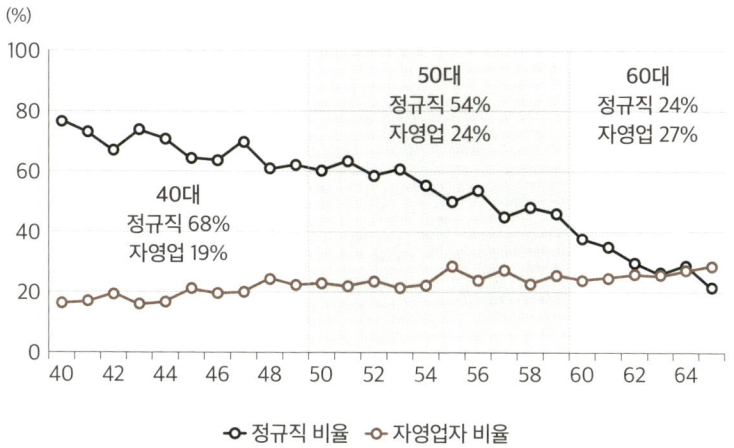

자료: 통계청

그림 2 • 50대, 임시 일용직 증가

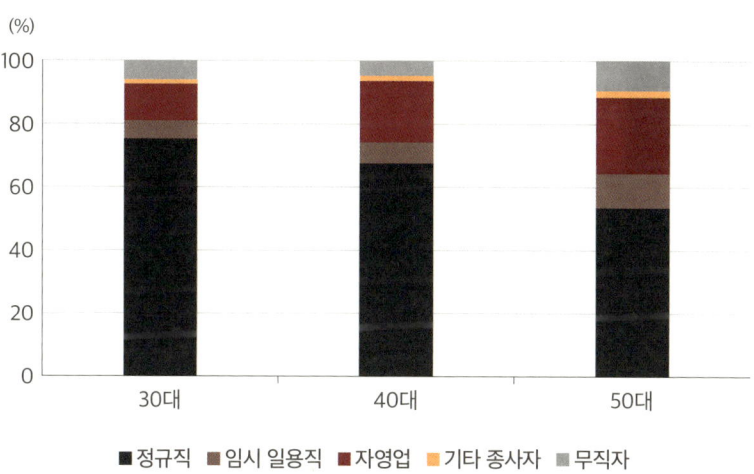

자료: 통계청

● **승진의 법칙** ●

50대에 가장 큰 변화를 겪는 건 화이트칼라다. 사무직 비율은 40대 22%에서 50대 17%로, 전문직 비율은 40대 25%에서 50대 15%로 떨어진다. 반면, 단순 노무 비율은 40대 6%에서 50대 11%로 상승한다.

화이트칼라가 일자리를 지키고 부자가 되기 위해선 승진을 해야 한다. 관리자 비율은 40대 2.8%에서 50대 3.7%로 약 1%p 상승한다. 50대 관리자면 임원이다. 임원이 되는 것도 1%가 되기 위한 게임이라고 할 수 있다.

그림 3 • **50대, 사무직 감소하고 관리직과 단순 노무직 증가**

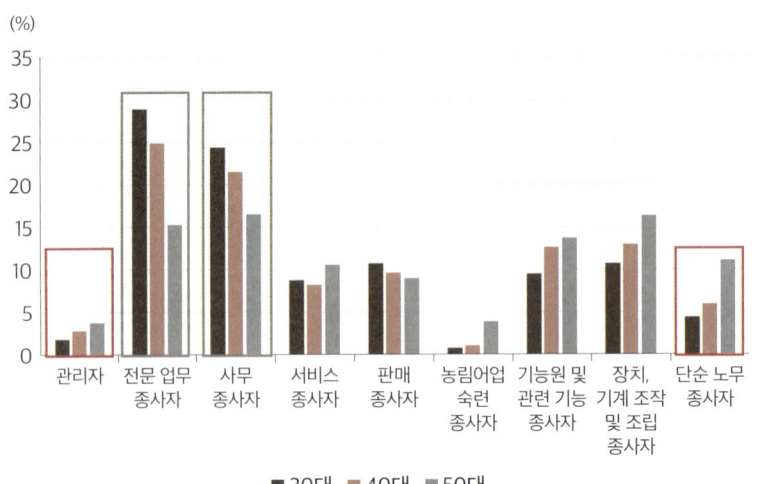

1969년 캐나다 교육학자 로렌스 J. 피터(Laurence J. Peter)가 제시한 피터의 법칙(Peter Principle)은 승진의 생리를 알려준다. 이 법칙의 요지는 어떤 사람에게 딱 맞는 자리를 알 방법은 없다는 것이다. 그래서 회사는 일을 시켜보고 못하게 될 때까지 승진시킨다. 그러다 "예전 같지 않아. 총기가 떨어졌어"라는 말이 나오면 바로 직전이 그 사람에게 맞는 자리라는 것이다.

'무능해질 때까지 승진한다'는 이 법칙은 직장인들에게 시사하는 바가 있다. 첫째, 그 자리가 나에게 맞아서 승진한 게 아니다. 그 자리에 적합하다는 걸 증명해야 한다. 둘째, 그러니 승진했다고 너무 좋아해선 안 된다. 승진한 순간 테스트는 다시 시작된다. 셋째, 더 높은 자리를 찾아야 한다. 다음이 보이지 않으면 그 자리에서 퇴직해야 한다.

● 일하는 사람의 1년은 일하지 않는 사람의 2년이다 ●

50대에 직장을 1년 더 다니는 건 2년 이상의 시간을 버는 효과가 있다. 50대 근로 소득이 없는 가구의 평균 지출이 일 년에 3,100만 원이다. 소비로 2,600만 원, 세금으로 260만 원, 사회 보험료로 250만 원을 지출한다. 50대 근로 가구의 평균 근로 소득은 7,100만 원으로 비근로 가구 지출의 2.3배다.

그림 4 • **50대, 1년 더 일하면 2~4년을 벌 수 있다**

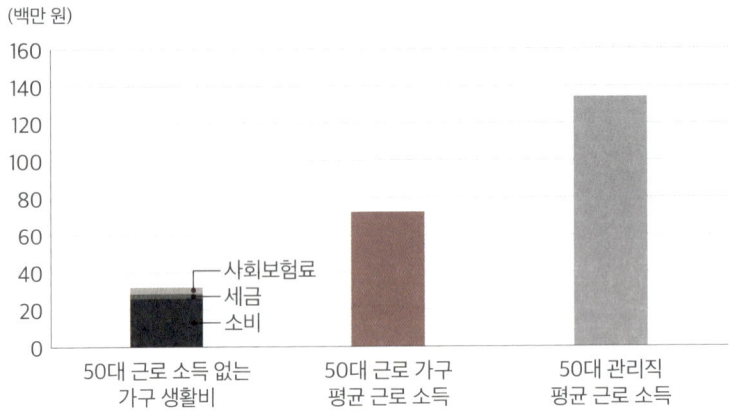

자료: 통계청

임원으로 1년을 더 다니는 건 4년 이상의 시간을 버는 효과가 있다. 50대 정규직 관리자의 평균 근로 소득은 1억 3,400만 원으로, 50대 비근로 가구 지출의 4.2배나 되기 때문이다.

임원은 급여도 많고 일상 비용 중에 회사 돈을 쓰는 것도 있다. 퇴직하면 업무상 알게 된 지인을 만나서 점심을 먹더라도 내 돈을 써야 한다.

● 더 일하는 것의 부수입 ●

만 55세를 넘어서도 회사를 다니면 연금을 수령하는 시기를 늦출 수 있

어서 절세 효과가 커진다.

　　IRP에서 만 55세부터 연금을 받으면 연금 소득세율 5.5%가 적용된다. 70세 이후엔 세율이 4.4%로, 80세 이후엔 3.3%로 더 떨어진다.

　　이자율이 2.5%인 연금에 2억 원을 쌓아놓고 15년 동안 받는다고 해보자. 55세부터 연금을 수령하면 그 금액은 세후 1억 4,000만 원, 남은 잔여 원금은 1억 700만 원이다. 60세부터 받으면 각각 1억 6,000만 원과 1억 2,000만 원, 65세부터 받으면 1억 8,000만 원과 1억 3,700만 원이다. 연금을 늦게 받을수록 이자도 쌓이고 세금도 아껴진다. 연금 수령 시기를 55세에서 65세로 10년 미루면 2억 원에 대해 7,100만 원, 즉 35%를 더 받는다.

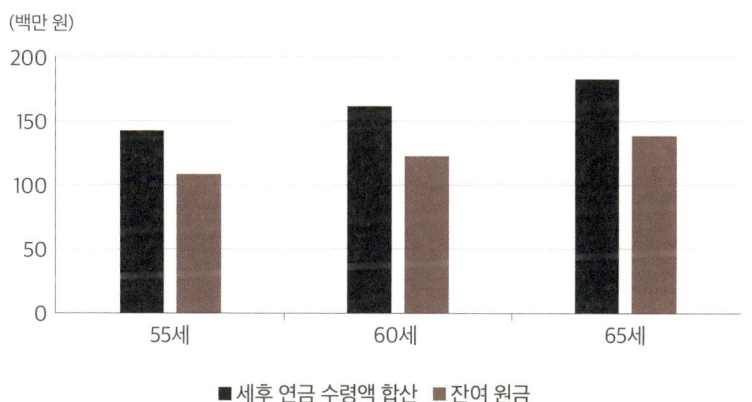

그림 5 • **퇴직 연금 개시 시점 미룰수록 유리**

자료: 한화투자증권

● 전문성을 살려라 ●

전문성을 살려서 경력을 연장해야 한다. 특히 은퇴 준비가 덜 된 50대는 젊을 때부터 다니던 주된 직장을 오래 다니는 것이 중요하다. 그만두더라도 가능한 한 경력을 살려서 다음 일자리도 비슷한 분야에서 구하는 것이 좋다. 그래야 근로 소득의 손실을 최소화할 수 있다.

전문성이 있으면 다음 일자리를 찾기도 수월하다. 정년퇴직을 해도 오라는 곳이 있을 정도다. 컴퓨터 공학을 전공하고 금융사에서 디지털 관련 업무를 했던 한 임원은 정년퇴직 후 금융사를 상대하는 중견 IT회사에서 컨설팅 업무를 하고 있다.

다른 분야에서 전문성을 살릴 수도 있다. 학부에서 통계학을 전공하고 증권사 트레이딩 본부를 이끌다 50대 후반에 은퇴한 지인은 매년 수학 능력 시험(수능) 날 저녁이면 출제된 수학 문제를 푸는 '수학 덕후'였다. 그는 은퇴하고 1년 동안 시중에 있는 중·고등학교 수학 문제집을 모두 풀었다. 그렇게 준비를 마친 후, 학원들에 이력서를 내고 면접을 보러 다녔다. 대치동에서 수학 강의를 할 수 있을 것이라고 기대했지만 벽은 높았고, 우선 서울 주변부 학원에서 강의를 시작했다.

경력을 연장하려면 자신보다 어린 상사와 일할 마음과 자세를 가져야 한다. 앞으로 우리나라에는 이런 상황이 많아질 것이다. 아직 이를 불편해하는 사회적 분위기와 사람들이 있는데, 권위주의가 만연했고 그걸 누렸기 때문이다. 자신이 행사하던 권위에 거꾸로 눌릴 생각을 하니 답답한 것이다.

그래서 조직에서 높은 자리에 있더라도 자신이 행사할 수 있는 권한의 범위를 정확하게 인지하고 자신에게 주어진 권한만 행사해야 한다. 보통 조직의 권한을 조직장이 모두 갖고 조직원들에게 선심 쓰듯 나눠주는 것이라고 생각하는데, 조직장의 권한과 조직원의 권한은 분리돼 있다. 조직의 막내도 업무에 대한 권한이 있고, 이에 상응하는 책임을 져야 한다. 권한이 분산돼 있다는 걸 이해하면 자신보다 어리고 직급이 낮은 사람의 권한을 함부로 침범하지 않게 된다.

● 네트워크를 쌓아라 ●

50대가 가질 수 있는 또 다른 능력은 네트워크다. 특히 손님을 상대하는 영업 업무는 외부 네트워크가 넓어 경력을 연장하는 데 활용할 수 있다. 단, 내가 다니던 회사를 보고 생긴 네트워크라면 직장을 그만두는 순간 사라진다. 그래서 **네트워크는 자신의 능력을 기반으로 직접 만드는 것이 좋다.** 회사의 자원을 써서 돈을 벌어오는 사람은 쉽게 대체된다. 그 자리에 누구를 앉혀도 그 정도는 벌 수 있다고 생각하기 때문이다. 하지만 자신의 네트워크로 돈을 벌어오는 사람은 쉽게 대체되지 않는다.

비상장 주식을 중개하는 지인은 15년 전 육아를 위해 경력 단절을 각오하고 회사를 그만뒀다. 주식 중개 업무는 집에서 계속했다. 큰돈이 오가다 보니 집에서 일을 하는 사람에게 중개를 맡기지 않을 것 같아 걱정이 많았다.

대신 출·퇴근의 번거로움이 없어졌으니 공부하는 시간을 늘려 손님에게 정확한 정보를 많이 전달하는 쪽으로 영업의 초점을 바꿨다. 또, 비상장 주식은 위험이 크므로 본인이 살 수 있는 종목만 권하기로 했다. 크래프톤이나 두나무처럼 실적이 있는 종목을 집중적으로 소개했고, 위험해 보이는 종목은 적극 말리기도 했다.

처음엔 네트워크가 거의 없었지만 입소문이 나면서 소개에 소개를 받았고 회사를 다닐 때보다 네트워크가 더 넓어졌다. 그는 일의 핵심에 집중해야 한다고 강조하는데, 결국 주식 거래는 골프 치고 술 마신 사람보다 주식에 대해 많이 아는 사람과 하게 된다고 말했다.

반대로 회사로 인해 생긴 네트워크를 본인이 쌓았다고 착각한 경우도 있다. 자기 계발에 돈과 열정을 쏟아부은 지인이 있었다. 대기업에서 영업 지원 업무를 했는데, 수료한 과정만도 셀 수 없을 정도였다. 고객들, 회사 동료들, 동문들과 시간을 보냈고 오후 5시부터 새벽 1시까지 각각 다른 팀들과 어울리는 날도 많았다.

50을 훌쩍 넘긴 나이에 직접 회사를 운영하기로 했다. 그간 친해진 인맥들이 서로 투자해줄 것으로 기대했지만 투자하겠다는 사람이 없었다. 사람들은 그를 대기업 직원으로 만난 것이었고 성격은 좋지만 투자하면 돈을 불려줄 거라고 생각하지 않았다.

자산 관리의 기술

● **분산으로 지켜라** ●

50대는 자산을 지키는 것이 소득을 지키는 것보다 중요하다. 손실을 복구할 시간이 상대적으로 적으므로 포트폴리오를 분산해서 방어적으로 투자해야 한다. 듀레이션 측면에선 언제든 팔 수 있는 유동성 자산의 비중을 점차 늘려가야 한다.

위험 자산에 투자해 이익이 났으면 원금만 재투자하고 이익은 개인 연금 계좌에 넣어서 TIF(Target Income Fund) 같은 안전 자산으로 운용하는 것이 좋다.

근래 수익률 목표를 제시하는 펀드와 ETF들이 많이 출시되는데, 목표한 수익률을 확정해서 돌려주는 것이 아닌 데다, 높은 목표가 제시될수록 큰 변동성을 감내해야 한다. 4% 이상을 목표로 하는 상품은 50대에 적합하지 않다고 생각한다.

상업용 부동산으로 부를 일구고 환갑을 맞이한 지인은 나이가 많아지면 자산이 더 늘어나는 게 의미가 없다고 말했다. 그는 나이 먹고 잘못 투자하면 스트레스로 죽을 수도 있다고 경고했다. 건너 아는 사람이 칠순에 경기도 외곽에 건물을 인수했는데, 건물을 고치다 스트레스를 받아 사망했다면서 나이 들어 위험 자산을 많이 보유하는 건 건강에도 해롭다고 조언했다.

● 부채를 줄여라 ●

50대가 되면 **늘어나는 현금 흐름을 부채를 줄이는 데 써야 한다.** 40대에 가장 큰 지출이었던 교육비는 자녀가 대학에 진학하는 50대부터 감소한다.

대학 등록금은 학원비보다 싸다. 2024년 학생 1인이 부담한 연간 평균 등록금은 618만 원이었다. 2024년 45세~54세 가구가 교육비로 지출한 돈이 평균 740만 원이었다. 직장에 따라 학자금이 지원되기도 하고 장학금 제도도 있다. 성인이 된 자녀들이 학비를 보태기도 하는데, 남자의 경우 군대에 복무하는 동안 받는 월급을 다 모으면 2,200만 원이다. 대학 학비는 줄일 방법이 많다.

이때부터 퇴직하기 전까지 잉여 소득이 가장 많다. 대부분 가계는 이 돈을 주택담보대출을 줄이는 데 쓴다. 원리금 상환액이 줄면 잉여 소득은 더 늘어나서 본격적인 선순환이 시작된다. 부채를 적정 수준까지 줄이고 나서 안전 자산 투자를 늘리는 것이 좋다.

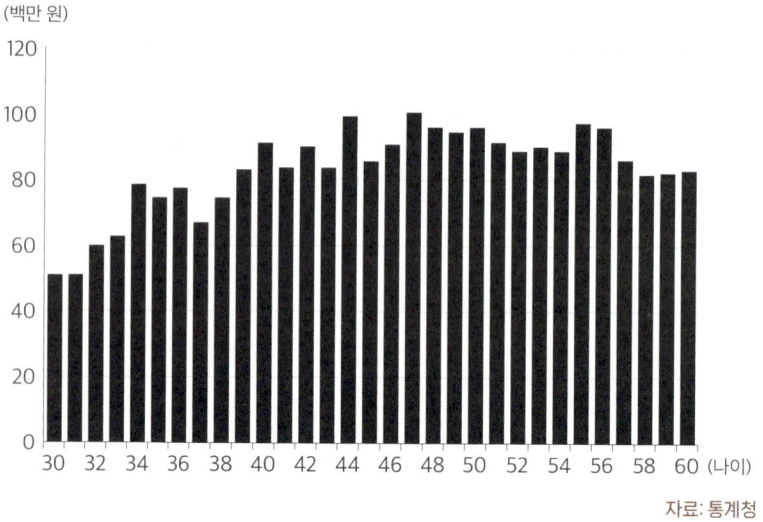

그림 6 • 경상 소득, 40대 후반~50대 초반에 정점

자료: 통계청

그림 7 • 교육비, 40대 중반에 정점

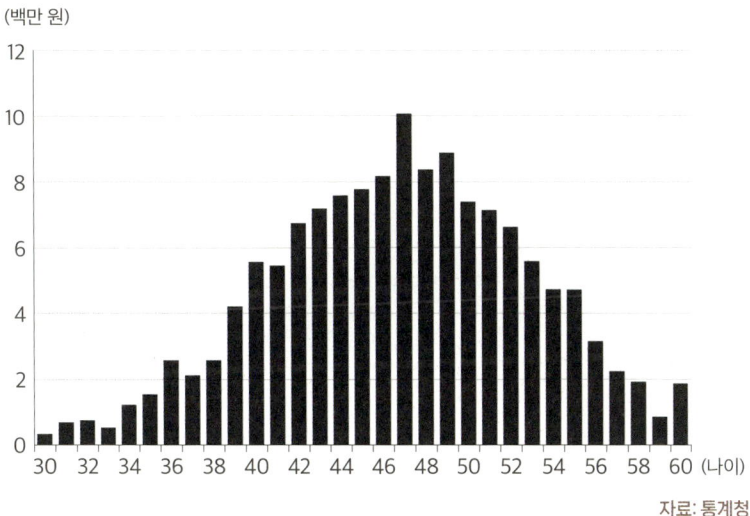

자료: 통계청

그림 8 • 잉여 소득, 50대 중반에 정점

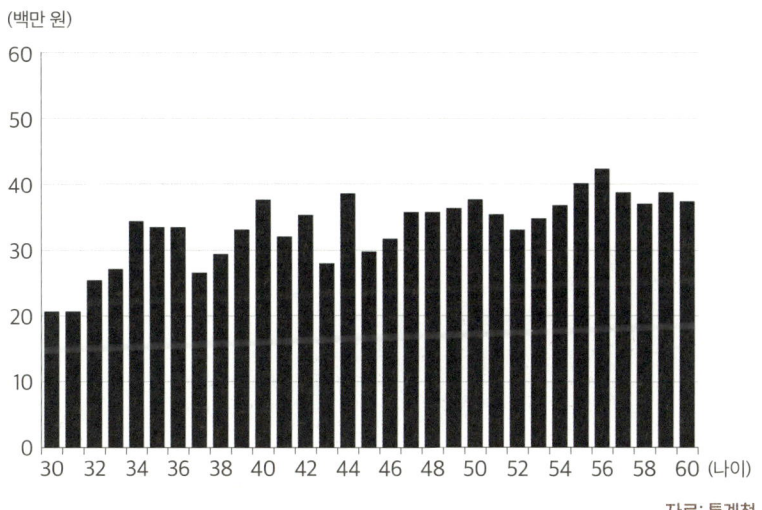

자료: 통계청

그림 9 • 원리금 상환액, 40대 중반부터 감소

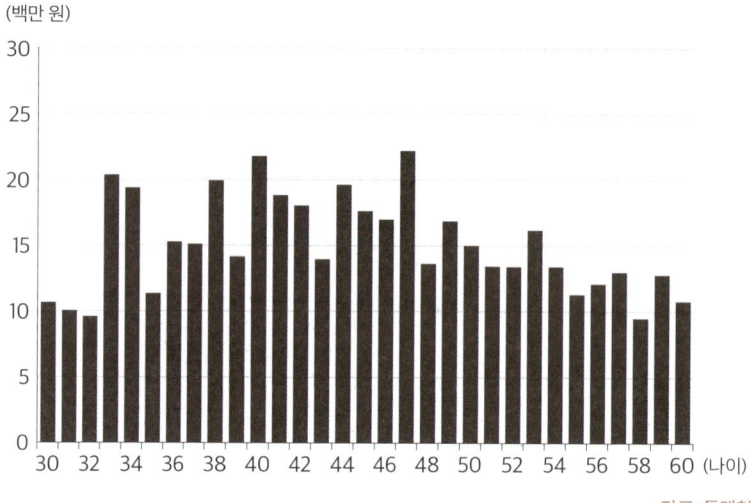

자료: 통계청

그림 10 • 주택담보대출, 40대부터 감소

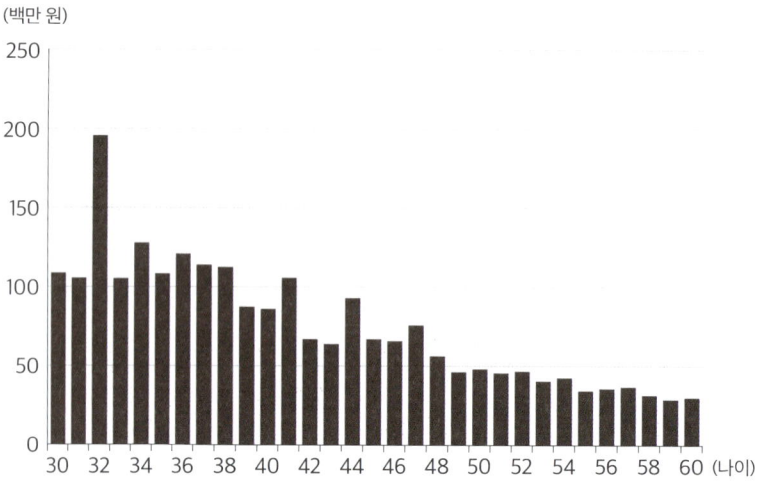

자료: 통계청

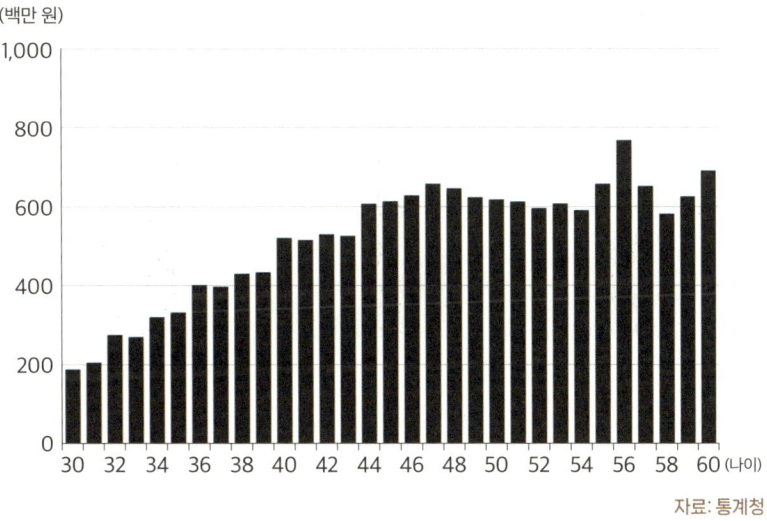

그림 11 • 금융 자산과 비주거용 부동산, 50대부터 증가

자료: 통계청

● B/S는 I/S의 미래다 ●

50대에 자산 포트폴리오를 어떻게 짜느냐가 은퇴 후 소득을 결정한다. 특히, 50대 이전까지는 I/S(소득, 지출)가 B/S(자산, 부채)를 결정하지만, 50대부터는 B/S가 I/S를 결정한다.

한국, 미국, 일본 가계의 자산 배분은 서로 달라서 비교하기 좋다. 한국 가계는 전체 자산에서 부동산 비중이 64%다. 미국 가계는 금융 자산 비중이 71%나 된다. 그중에서도 주식이 42%로 압도적이고 보험

그림 12 • 한국은 부동산, 미국은 주식, 일본은 예금이 많다

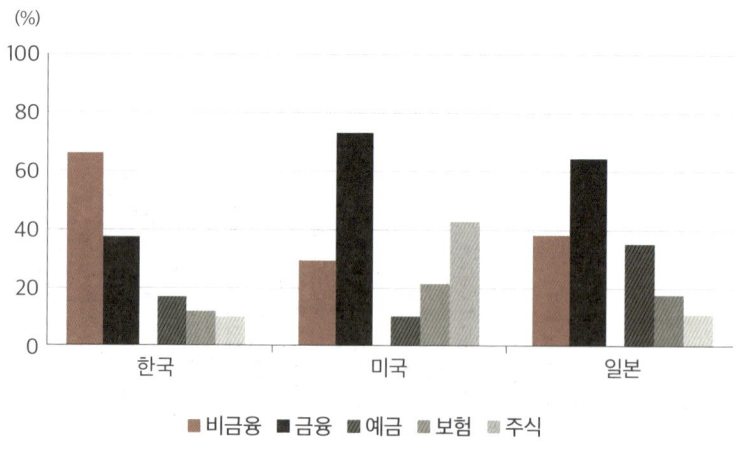

자료: 금융투자협회

그림 13 • 한국은 사업, 미국은 자산, 일본은 근로 소득이 높다

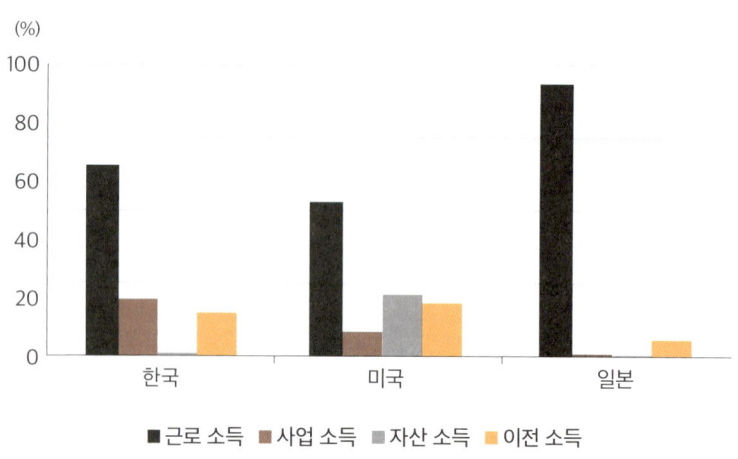

자료: 한화투자증권

이 20%, 예금이 9%를 각각 차지한다. 일본 가계의 실물 자산 비중은 37%로 우리보다 낮다. 하지만 예금 비중이 34%로 15%인 우리보다 배 이상 많다.

자산 배분이 다르다 보니, 소득 비중에서도 차이가 생긴다. 한국은 근로 소득이 차지하는 비중은 65%다. 사업 소득이 19%, 이전 소득이 15%다. 자산 소득 비중은 0.8%에 불과하다. 은퇴 후 자영업으로 전환되는 비중이 높아서 사업 소득 비중이 높다.

미국은 근로 소득 비중이 세 나라들 중 가장 낮은 53%다. 사업 소득 비중은 우리의 절반에도 미치지 않는 8%이고 대신 자산 소득과 이전 소득이 각각 21%, 18%를 차지한다. 주식을 중심으로 자산을 배분한 결과 은퇴 후에도 배당과 이자, 연금으로 살 수 있다.

일본은 근로 소득 비중이 93%나 된다. 버블 경제를 경험한 일본인들의 위험 회피 성향은 극단적이어서 저금리임에도 예금을 끌어안고 있어서다. 은퇴 후 창업도 하지 않는 것 같다. 사업 소득과 자산 소득 비중이 0.7%, 0.2%에 불과하다. 이전 소득 비중도 5.8%로 우리보다 낮다.

● 부자에 다가가라 ●

평균적인 50대의 자산 포트폴리오는 40대와 큰 차이가 없지만 상위

10%, 상위 1%로 갈수록 차이가 벌어진다.

　금융 자산과 비주거 부동산은 자산 소득의 원천이다. 2024년 40대 소득 상위 1%는 금융 자산과 비주거 부동산을 13억 원 보유하고 있었지만, 50대 소득 상위 1%는 24억 원을 보유하고 있었다. 이를 통해 창출되는 자산 소득은 40대 소득 상위 1%의 경우 3,400만 원으로 근로 소득과 사업 소득까지 합한 총소득에서 7.2%를 차지했고, 50대 소득 상위 1%의 경우 5,800만 원으로 13.0%를 차지했다.

　이 책 처음에 부자를 '자산 소득이 전국 가구 평균 소득인 6,607만

표 1 • 40대와 50대의 자산 배분과 자산 소득

(백만 원)

분위	40대 소득 상위			50대 소득 상위		
	50%	10%	1%	50%	10%	1%
금융 자산	191	379	744	211	430	1,491
거주 주택	318	572	996	319	519	1,068
비주거 부동산	164	358	575	230	452	933
기타	49	85	97	50	73	121
금융 부채	118	176	315	89	142	280
자산 소득	5	13	34	8	18	58
경상 소득	113	207	480	117	205	449
자산 소득 비중	4.7	6.2	7.2	6.9	8.7	13.0

자료 : 통계청

원을 넘어서는 사람'으로 정의했는데, 50대 소득 상위 1%가 되면 자산 소득이 5,800만 원이므로 드디어 부자에 가까워졌다고 할 수 있다.

● 시간을 내 편으로 만들어라 ●

이 챕터를 한 문장으로 요약하면 '시간을 내 편으로 만드는 것'이라고 할 수 있다. **금융 자산과 비주거 부동산이 금융 부채보다 많고, 소득으로 지출을 충당할 수 있으면 시간이 지남에 따라 자산은 증가하게 돼있으므로 시간은 내 편인 셈이다.**

예를 들어, 보유한 금융 자산이 2억 원, 상업용 부동산이 3억 원이고 금융 부채가 4억 원이면 수익성 자산이 금융 부채보다 많다. 자산 수익률이 금리보다 높으면 자산 소득이 이자보다 많아서 아무것도 하지 않아도 자산은 늘게 된다.

반대로 수익성 자산보다 부채가 많으면 시간에 쫓기게 된다. 그러면 확실한 수익률보다 높은 수익률에 끌리게 되고 수익률이 높아 보이는 자산을 따라다니게 되는데, 실패할 확률도 높을 뿐 아니라 불필요한 비용도 발생한다.

자산을 충분히 모아놓지 않았다면 무리하게 투자하는 것보다 일을 더 오래 하거나 검소하게 사는 쪽이 더 낫다.

그림 14 • **시간을 내 편으로 만드는 방법**

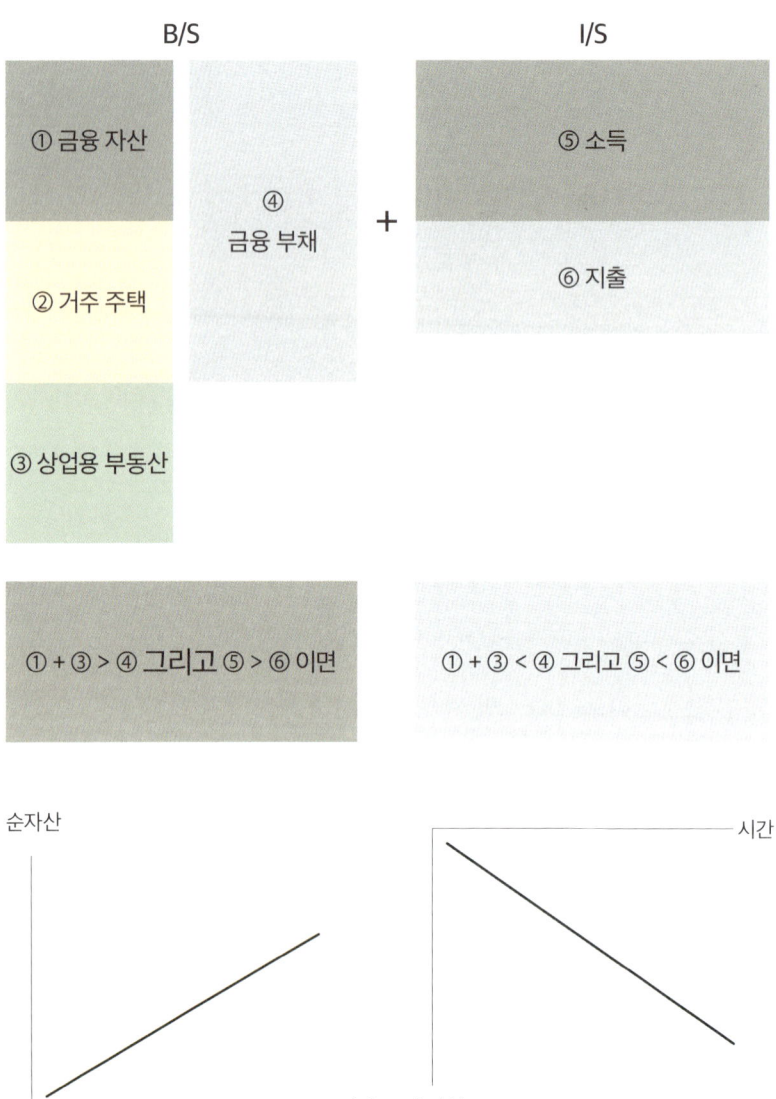

자료: 한화투자증권

이렇게 수익성 자산이 부채보다 많은 가구는 전체 가구 중에서 77%나 되지만, 이 중에서도 순수익성 자산이 10억 원을 넘는 가구는 전체에서 4.7%에 불과했다. 빚을 없애는 것만으로는 충분치 않다는 의미다. 충분한 자산 소득을 거둘 수 있을 정도의 수익성 자산이 필요하다. 50대 가구도 크게 다르지 않았다. 순수익성 자산이 10억 원을 웃도는 비율은 전체 가구보다 1%p 남짓 높은 5.9%에 불과했다.

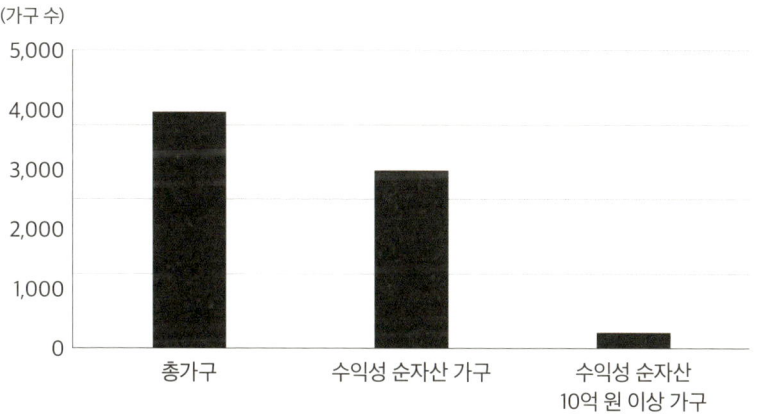

그림 15 • 50대 가구 중 수익성 순자산 가구 76%, 10억 원 이상 가구 5.9%

자료: 통계청

● 현명한 부자가 돼라 ●

수익과 균형을 동시에 추구하는 자산 포트폴리오를 조합하는 것이 부자로 가는 마지막 단계다. 아직도 많은 사람들이 돈이 생기면 더 좋은 아파트만 사려고 하는데, 수익과 균형을 모두 놓칠 수 있다.

소득은 줄어드는데, 자산이 적으면 무리해서 투자하게 된다. 금융 지식이 없으면 예금밖에 못하니 자본이 많이 필요하다. 금융 지식이 있어야 적정한 자본과 수익률을 조합해서 무리하지 않으며 투자할 수 있다.

가계금융복지조사에서 자산 소득이 가구 평균 경상 소득을 웃도는 부자 가구들을 찾아냈다. 연령대별 비중은 30대가 3%, 40대가 6%, 50대가 26%, 60세 이상이 65%였다. 50대부터 부자가 늘어났다.

[표 2]에서 이들을 유형별로 분류했다. ① FIRE 강박증, ② 균형 ③ 건물주 ④ 이자 생활자 ⑤ 금수저로 나눴다.

이자 생활자와 금수저는 자산에서 예금 또는 상업용 부동산 비중이 높은 사람들이다. 수익률이 낮으면 자산 규모가 커야 하고, 자산 규모가 작으면 수익률이 높아야 한다. 이자 생활자와 금수저는 수익률이 3%가 안 됐기 때문에 자산 규모가 컸다.

그냥 건물주는 수익률이 3.5%, 레버리지를 낀 건물주는 5.5%였다. FIRE 강박증은 자산 규모가 작았기 때문에 수익률이 8% 이상으

표 2 • 부자의 다섯 가지 유형

(백만 원, %)

부자들 유형 분류	총자산 평균액	자산 내 비중								비주거용 자산
		예금	보험	투자 자산	주거용 부동산	전·월세 보증금	비주거용 부동산	금융 부채	임대 보증금	총 이익률
FIRE 강박증	1,695	5.2	4.7	49.8	0.0	17.5	22.0	11.0	1.6	8.0
균형	8,061	16.3	1.4	19.3	17.3	0.0	42.5	8.2	2.4	4.6
빚 많은 건물주	4,241	5.8	0.7	0.4	29.4	0.0	59.5	36.5	14.4	5.5
집 없는 건물주	8,151	7.6	0.4	2.4	0.0	6.8	81.1	13.0	5.3	3.2
건물주	6,766	6.6	0.6	1.0	15.3	0.7	73.7	9.2	4.7	3.5
이자 생활자	8,949	38.4	3.1	11.2	13.4	0.4	30.4	1.2	2.1	2.9
금수저	7,765	3.5	0.0	0.1	5.3	0.0	90.6	1.4	2.5	1.5

자료 : 통계청

로 높았다. 그러나 8% 수익률은 2020년, 2021년 같은 활황장에서만 가능했다. 우리가 추구해야 할 방향은 아니다.

반면, 균형은 자산을 고르게 보유한 사람들이다. 금융 자산 비중이 30~40%, 주거용 부동산 비중은 20% 미만, 비주거용 부동산 비중은 40% 정도였다. 본받을 만하다. 이처럼 금융 자산을 이해하고 있어야 다양한 자산을 다룰 수 있고 이들을 조합해 필요한 수익을 얻을 수 있

다. 금융 시장에 대해 많이 알수록 부자가 되기 위해 필요한 돈이 적어진다. 부자가 되는 데 필요한 건 엄청나게 많은 돈은 아니다.

50대가 최우선으로 지켜야 하는 건 소득, 즉 직업이다.
50대에 직장을 1년 더 다니는 건 2년 이상의 시간을 버는 효과가 있다.

◆

자산을 지키는 것이 소득을 지키는 것보다 중요하다.
늘어나는 현금 흐름은 부채를 줄이는 데 써야 한다.

◆

시간을 내 편으로 만들어야 한다.
금융 자산과 비주거 부동산이 금융 부채보다 많고
소득으로 지출을 충당할 수 있으면 된다.

Chapter 5

부자가 돼라

부자의 기술

부자는 좋은 사람이다

우리나라가 못살 때에는 부자라고 하면 정당하지 않은 방법으로 갑작스럽게 돈을 번 사람이라는 부정적인 인식이 있었다. 하지만 우리나라가 선진국이 되고 선진국 중에서도 잘사는 나라가 된 지금은 성실하고 현명하게 살면 누구나 부자가 될 수 있다.

그러니 부자가 돼라. 필자가 만난 부자들은 성실하고 열정적이고 여유 있는 사람들이었다. 근로에서 해방된 그들 중 일부는 회사를 마실 다니듯 나왔고 후배들에게 좋은 애기를 해주며 업무적으로 잘 풀리지 않는 부분들을 해결해주고 있었다.

우리나라에 고액 자산가들이 실제 얼마나 있는지 조사한 적이 있다. 증권사들 대부분이 계좌에 금융 자산을 10억~20억 원 보유한 사람을 고액 자산가 기준으로 정해놓았는데, 회사별로 그 기준을 충족하는 사람들이 1,000명 안팎에 불과했다. 유독 대기업 계열 증권사 한 곳에 많았는데, 대부분 대기업 전·현직 임직원들이었다. **부자는 자신의 일을 열심히 그리고 잘한 사람이었다.**

과정을 중요하게 생각해라

"아무것도 없을 땐 몸을 쓰고, 부가 모이면 머리를 쓰고, 부가 충분하면 시간을 쓰라"라고 필자가 주문한 이유는 부자가 되려면 반드시 거쳐야 할 단계들이 있기 때문이었다.

이 과정을 번거롭고 불필요하다고 생각하지 말아라. **시행착오를 겪으며 터득하는 요령, 아이디어를 실험하면서 축적되는 기록, 때를 기다릴 때 생기는 인내, 이 모든 것들이 자산이다.**

그러니 단계를 건너뛰지 말아라. 남들보다 속도가 느리다고 무리하게 빚을 끌어 쓰면 오히려 뒤로 가기 십상이다. 빚은 미래의 소득을 당겨 쓰는 것이다. 자신의 경제 활동이 끝나갈 무렵에 없앨 수 있을 정도만 써야 한다.

남들과 비교하지 말아라. 무리를 하는 건 오로지 그 때문이다. 이 책은 처음부터 자존감이 부자의 필수 덕목이라고 강조했다. SNS의 시대를 사는 우리는 상대적 박탈감을 너무 쉽게 느낀다.

투자로 순항해라

투자는 부자로 가는 항해에 뒤바람 같은 것이다. 투자의 고수가 돼라.

필자가 자주 드는 예시가 있다. 투자의 세계엔 하수, 중수, 고수가 있다. ① 많이 알고 적게 버는 사람을 하수, ② 많이 알고 많이 버는 사람을 중수, ③ 적게 알고 많이 버는 사람을 고수라고 한다.

고수는 힘을 적게 들이면서 부를 늘리는 방법을 안다. 돈을 버는 가성비가 좋은 사람이다. 고수는 전문가의 도움을 받아 공부하는 시간을 줄이고 결정에 집중한다. 또, 돈과 친하게 지낸다. 돈을 다루는 법을 알고 돈으로 돈을 벌었다. 하수들은 돈과 싸워 이기려고 했다.

1억 원이 있는 사람이 한 달에 50만 원을 고정적으로 쓸 일이 생겼다고 하자. 자녀 교육비일 수도 있고, 부모님 병원비일 수도 있다. 고수는 1억 원으로 월세가 50만 원 나오는 수익형 부동산을 살 것이다. 그는 비용이 오르면 월세를 올릴 것이고, 돈 쓸 일이 더 이상 없어지면 부동산을 팔아서 시세 차익도 볼 수 있다고 생각할 것이다. 하수는 한 달에 50만 원이면 일 년에 600만 원이고 17년이면 1억 원이 없어진다고 생각할 것이다. 또한, 비용이 상승하면 돈이 더 빨리 사라진다고 걱정할 것이다.

부자가 되는 법을 물려줘라

돈과 친한 것도 성격이고 기질이다. 이 책에서 자세히 다루지 않았지만 10대와 20대는 부자가 되는 기질이 형성되는 시기다. 이 책을 읽고 있는 부모라면 자녀가 돈과 친하게 지낼 수 있게 해줘야 한다.

자녀에게 돈을 다루는 법을 가르쳐줘라. 가장 쉬운 방법은 자녀가 어렸을 때 대신 투자해주는 것이다. 미성년 자녀에게 2,000만 원까지 세금 없이 증여할 수 있다. 2,100만 원 증여하는 걸 추천한다. 세무서에 가서 증여 신고하고 100만 원에 대해 7만 원 조금 넘는 세금을 내면 자녀에게 적법하게 증여했다는 기록을 남길 수 있다.

자녀 명의의 증권 계좌를 만들어서 한국 주가 지수 ETF와 미국 주가 지수 ETF에 반반씩 투자해줘라. 배당은 재투자해라. 자녀에게 한 달에 한 번씩 투자 내역을 보여주면 왜 오르고 왜 떨어졌는지 물어볼 것이다. 찾아보게 하고, 어려운 부분은 설명해줘라. 경제 감각을 길러주는 가장 쉬운 방법이다.

투자로 돈이 불어나면 뭐가 좋은지를 자녀에게 알려줘라. 이 돈으로 대학 등록금을 낼 수 있고, 스무 살이 돼서 세계를 여행할 수 있고, 창업의 종잣돈으로 쓸 수 있다고 얘기해줘라. 돈은 꿈을 실현할 수 있는 도구라는 사실을 인지해야 한다.

직업 윤리를 가져라

20대에 자신의 힘으로 번 돈으로 투자를 해봐라. 20대엔 가능한 한 많은 경험을 해야 하는데, 그중 하나가 투자다. 웬만하면 몸을 써서 번 돈을 투자할 것을 권한다. 손실이 나면 며칠간 밥이 안 넘어갈 것이고, 수익이 나면 안도의 한숨을 쉬게 될 것이다.

돈을 버는 것과 투자하는 것이 어렵다는 것을 몸소 체험하면 돈, 일, 일하는 사람에 대한 존중이 생긴다. 이런 태도가 직업 윤리(Work Ethic)의 토대가 된다. 직업 윤리가 견고한 사람은 일을 하며 약속을 지키고 같이 일하는 사람, 업무 상대방으로부터 신뢰를 얻는다.

보통 직업 윤리의 기준이 높은 사람에게 믿고 일을 맡긴다. 같이 일을 하면 안심이 된다. 그런 사람에게 더 많은 일, 권한, 책임이 주어지고 더 많은 보상이 따라온다.

건전한 생각을 가져라

몸도 몸이지만 정신이 건강해야 한다. 돈만 있으면 된다고 생각하지 말고 돈을 벌기 위해 뭐든 해도 된다고 생각하지 말아라. "몇십억 원을 벌 수 있으면 감방에서 몇 개월 썩어도 되는 것 아니냐"라고 말한 사람이 있었다. 그 자리에서 손절하고 다신 상대하지 않았다.

털어서 먼지 안 나는 사람 없다지만 돈과 관련해선 털어서 먼지가 안 나야 한다. 베어링스 은행의 파산, 라임 사태도 처음에 작은 손실을 숨기는 것에서 시작됐다.

규정을 지키면서 허용된 범위 안에서만 투자해서는 돈을 벌기 어렵다는 생각이 들 수 있다. 하지만 그렇지 않다. 지킬 건 다 지키면서 돈을 벌 수 있다. 다만 시간과 노력이 들 뿐이다.

아티스트가 돼라

아티스트가 돼라. 아티스트는 남들이 만족할 때 만족하지 않고 아주 조금을 개선하기 위해 어마어마한 노력을 하는 사람이다. 수학 문제를 풀며 계산식을 한 줄 줄이기 위해 끙끙대는 학생, 업무의 실수를 잡아내기 위해 확인하고 또 확인하는 신입 사원, 야구 배트를 천 번 휘두르고도 만족 못하는 타자, 이런 사람들이 아티스트다.

부자는 상위 1%가 되는 게임이라는 걸 책의 여러 곳에서 주장했고, 증명했다. 자신의 일, 투자에서 1%, 0.1%가 되기 위해 노력해라. 타협하지 말아라. 타협하는 순간 실력이 무뎌지고 그 느슨함이 투자

기회를 못 보게 한다.

상위 1%, 고수, 아티스트, 부자는 전부 같은 말이다. 부자는 특별한 사람이 아니다. 조금 더 나아지기 위해 이 책을 읽은 당신이다.

투자는 부자로 가는 항해에 뒷바람 같은 것이다.
투자의 고수가 돼라.

♦

부자가 되려면 반드시 거쳐야 할 단계들이 있다.
이 과정을 번거롭고 불필요하다고 생각하지 말아라.

♦

아티스트가 돼라.
아티스트는 남들이 만족할 때 만족하지 않고 아주 조금을
개선하기 위해 어마어마한 노력을 하는 사람이다.

Keep going

독자 여러분은 부자가 되고 나면 뭘 하고 싶으신가요? 부자가 되는 길은 멀고 험난하지만 힘들지만은 않습니다. 부자가 되는 것, 부자가 되고 나서 하고 싶은 걸 생각하면 상상만으로도 즐겁습니다.

어쩌면 부자는 최종 목표가 아니라 더 나은 삶을 위해 거치는 과정일 수도 있습니다. 하루 하루 좀 더 괜찮은 나를 만들어가는 성실함, 좀 더 나은 선택, 단단한 훈련의 결과가 부자일 것입니다. 그리고 그 길은 막연하지 않습니다. 이 책을 읽은 독자는 부자가 되는 길을 좀 더 빨리 아는 고수가 됐으니까요.

매일 매일 좋은 습관으로 일상을 채워가길 권합니다. 아침에 5분

일찍 일어나서 뉴스를 보는 것, 주식 시장이 마감한 후 내가 보유한 주식은 어떻게 됐는지 업데이트하는 것, 일과를 마친 저녁에 책을 한 장 더 읽는 것 등이죠. 주말에 항상 같은 코스로 산책하지 않고 다른 동네도 한번 걸으면서 부동산에 대해 공부하고, 매월 말엔 내 수입·지출과 자산에 어떤 변화가 있었는지 체크하는 것도 중요합니다.

독자 여러분은 이 책을 덮으면서 부자에 한 걸음 더 다가섰습니다. 이 책이 독자 여러분들 마음 한켠에 자리잡고, 부자로 가는 다음 길목의 등대 역할을 해줄 것입니다.

김수연 드림

부자의 기술

초판 1쇄 발행 2025년 7월 11일
초판 2쇄 발행 2025년 7월 15일

지은이 박승영·김수연
펴낸곳 티더블유아이지(주)
펴낸이 자몽

기획총괄 신슬아
편 집 자몽·유관의
교정교열 유관의
마케팅 자몽

출판등록 제 300-2016-34호
주소 서울특별시 종로구 새문안로3길 36, 1139호 (내수동, 용비어천가)
이메일 twigbackme@gmail.com

ⓒ 박승영·김수연, 2025, Printed in Korea
ISBN 979-11-91590-33-3 (03320)

* 잘못된 책은 구입하신 곳에서 바꾸어 드립니다.
  이 책의 전부 또는 일부 내용을 재사용하려면 사전에 저작권자와 펴낸곳의 동의를 받아야 합니다.
* 본 도서는 저작권의 보호를 받습니다. 무단 전재와 복제를 금지합니다.